AF315786

LE PÉLERINAGE

A

NOTRE-DAME

DU CHARMAIX,

OU

Motifs de confiance envers Marie

Confirmés par les faveurs miraculeuses obtenues autrefois à ce sanctuaire.

LYON.

IMPRIMERIE DE BOURSY FILS, RUE DE LA POULAILLERIE, 19.

—

1843.

PRÉFACE.

Parmi les divers moyens de salut enseignés par les saints et pratiqués par eux avec un heureux succès, nous devons regarder comme un des plus puissants celui d'une tendre dévotion envers Marie, la mère de Dieu, et d'une grande fidélité à l'invoquer. Son culte est sans doute très-répandu aujourd'hui dans notre diocèse. Dans la plupart des églises, on trouve érigées des confréries en son honneur; le zèle des pasteurs à la faire honorer est partout digne d'éloges , et forme une preuve bien consolante de la persuasion où ils sont que c'est travailler utilement au salut de leurs ouailles que d'étendre le plus qu'ils peuvent, dans leurs paroisses, le culte de Marie. Cependant, malgré ce que nous voyons d'édifiant de nos jours dans le zèle empressé à honorer la très-sainte Vierge, nous osons dire qu'il n'atteint point encore ce degré de ferveur où il était arrivé il y a près de deux siècles. Les écrits qui nous restent de ce temps-là nous rappellent des choses admirables à ce sujet.

La dévotion qu'on avait à Marie avait pénétré dans toutes les classes des fidèles et se montrait partout. On l'invoquait pour tous les besoins ; on recourait à elle avec tant de confiance et une simplicité si touchante qu'on en obtenait les plus rares et les plus précieuses faveurs. On s'appliquait surtout à l'aller visiter dans les sanctuaires les plus renommés de la province. Celui qui tenait le premier rang et auquel se rendait le plus grand nombre des serviteurs de Marie, c'est sans contredit celui du Charmaix, près de Modane. Deux personnages distingués du dix-septième siècle, le médecin Bertrand et le R. P. d'Orly, nous ont transmis dans leurs livres un grand nombre de faits que nous nous plaisons à regarder comme un effet spécial de la protection bienveillante de la mère de Dieu envers ceux qui l'invoquent, et comme les ouvrages qui les renferment sont très-rares aujourd'hui, et que d'ailleurs l'un est écrit en latin et l'autre en un français inintelligible à la plupart des lecteurs, nous avons cru faire une œuvre agréable aux dévots de Marie de réunir et de publier ce que nous avons trouvé de plus remarquable dans ces deux livres.

Afin de rendre cette publication plus utile aux âmes chrétiennes, auxquelles seules nous la destinons, nous avons fait précéder les exemples de faits miraculeux que nous rapportons, d'un certain nombre de chapitres sur la confiance en la sainte Vierge, parce qu'il nous a paru que dans les prières qu'on lui adresse, c'est la disposition qui manque le plus et qui est cependant si nécessaire pour obtenir ses faveurs. Quant aux exemples eux-mêmes, afin de leur concilier plus d'autorité, nous devons faire remarquer qu'ils sont presque tous tirés de la *Diva Virgo Charmensis* de Bertrand, laquelle parut imprimée à Lyon en 1625, revêtue d'une attestation expresse de Mgr. Boba, alors évêque de Maurienne, qui déclare que pour s'assurer de la vérité de ces faveurs miraculeuses, il a chargé des personnes dignes de toute sa confiance de les examiner en grande partie, et que pour l'autre il a lui-même interrogé personnellement ceux qui en ont été l'objet ou les témoins. C'est d'après toutes ces démarches inspirées par un zèle éclairé qu'il a cru devoir recommander ce livre à la piété de ses ouailles. Ce sont donc ces mêmes merveilles que nous présentons aujourd'hui à nos lecteurs, et puissent-elles, par le souvenir que nous en rappelons, produire dans les âmes religieuses cette tendre dévotion pour Marie et cette confiance sans bornes en sa puissante protection qui contribuent si efficacement au salut de ceux qui les ont en partage!

NOTICE

SUR LE CHARMAIX,

Sa Situation, sa Chapelle, le concours des Fidèles qui
s'y rendaient, etc., etc.

———

Le Charmaix est une montagne située à une lieue environ au-dessus de Modane. L'on y arrive par un chemin rapide et pierreux, sur les bords duquel on a élevé de loin en loin des oratoires pour exciter la piété des fidèles qui vont visiter le sanctuaire. Après une marche pénible d'une heure et demie, on arrive au bord d'un torrent creusé à une extrême profondeur, que l'on passe sur un pont suspendu à la cime

1*

de deux rochers qui lui servent d'appui, et sur la rive opposée s'élève dans le flanc de la montagne la chapelle miraculeuse, le sanctuaire si vénéré de N.-D. du Charmaix.

L'édifice n'a rien de remarquable. On ne saurait même dire à quel genre d'architecture il appartient, tant il offre peu de régularité dans ses proportions. L'entrée du sanctuaire est fermée par une forte grille en fer qui permet aux pélerins de contempler l'image de Marie et son autel sans pénétrer dans l'intérieur. Au devant du sanctuaire est une espèce de portail, couronné d'une galerie en bois, et assez spacieux pour contenir trois ou quatre cents personnes. L'autel est composé de colonnes et d'autres ornements analogues en bois, sculptés et dorés.

Au centre de l'autel est un piédestal sur lequel est placée la statue miraculeuse de la sainte Vierge. Cette statue, qui n'a pas deux pieds de haut, est de marbre blanc assez grossièrement travaillé. Sa tête est ornée d'une couronne sinon précieuse, au moins propre et convenable. Une couleur brune est répandue sur son visage, comme sur celui de l'enfant Jésus qu'elle tient dans ses bras, et le reste du corps est recouvert tout entier d'une robe bleu céleste, sur laquelle passe un manteau de même couleur, bordé de franges et orné de broderies. Malgré les nombreuses faveurs obtenues par l'invocation de Marie dans ce sanctuaire, on est étonné d'y voir si peu d'*ex voto*. On pense, avec assez de raison, qu'ils ont pu disparaître, en grande partie, pendant la révolution de 92, dont les impies satellites dévastèrent alors la chapelle (1), et que la médiocre fortune de la plupart des pélerins, ainsi que la difficulté de trouver dans le pays des artistes pour les exécuter, sont la cause qu'on voit

(1) Lors de cette dévastation, la statue de la Vierge échappa au vandalisme sacrilége des démolisseurs par les soins et le zèle du sieur Joseph Bernard, feu Jean-Pierre, de Modane, qui fut assez heureux pour la soustraire à leur brutale impiété en la cachant soigneusement dans son habitation pendant tout le temps que dura la tempête révolutionnaire. Dès que la liberté fut rendue au culte, elle fut reportée solennellement en procession à son antique demeure, au milieu des témoignages publics de la satisfaction et de la joie religieuse des bons habitants de Modane.

peu de ces témoignages publics de la reconnaissance des fidèles appendus aux murs du sanctuaire.

On ne saurait assigner certainement l'époque où l'on a commencé à vénérer la mère de Dieu au sanctuaire du Charmaix. Bertrand, qui a recueilli et publié le premier les merveilles opérées en ce lieu, pense la fixer vers le cinquième siècle, temps auquel la lumière de l'Évangile pouvait être répandue dans toute la Maurienne ; mais il n'administre aucune preuve et ne cite aucun monument à l'appui de son assertion. Il paraît cependant, d'après la tradition conservée dans le pays, que le concours à l'oratoire du Charmaix est d'une haute antiquité. Le cardinal Hugues de Chypre, qui, en 1435, accordait des indulgences de cent jours, pour différentes fêtes de l'année, à ceux qui contribuaient à l'ornement de cet oratoire et à la construction du pont qui y conduit, disait, dans le rescrit qu'il donna à ce sujet, que des miracles éclatants s'y opéraient depuis nombre d'années : *Et aliis perantequàm pluribus temporibus*. Le cardinal Jean de Rochetaillée, archevêque de Rouen, en accordant, en 1427, les mêmes priviléges, déclarait qu'il avait sous les yeux les diplômes de deux évêques de Maurienne qui avaient déjà précédemment distribué des faveurs spirituelles à ceux qui visiteraient ce sanctuaire.

Toutefois, jusqu'après le quinzième siècle, la statue de la Vierge ne paraît avoir été placée que dans un petit oratoire, et comme l'endroit où il était établi se trouvait d'un accès très-pénible, que les alentours en étaient plutôt tristes et sombres, et que néanmoins le concours des pélerins y était considérable, les habitants de Modane, soit peut-être pour épargner à ceux-ci les fatigues de la route, ou simplement pour avoir plus près d'eux cette image qui excitait tant de vénération, résolurent, dit Bertrand, on ne sait en quelle année, de la transporter dans leur bourg et de la placer sur le grand autel de leur église paroissiale. On indiqua à ce sujet une procession solennelle, on en fixa le jour, et pleins de joie de posséder bientôt au milieu d'eux l'image de celle qui répandait tant de faveurs sur les étrangers, le clergé et le peuple se rendirent, bannières déployées, au Charmaix, s'emparèrent avec tout respect de la statue vénérée, et la portèrent, au milieu du chant des hymnes et des cantiques, à l'église de Modane. Heureux de posséder si près d'eux l'image de celle qui est pour nous l'arche de la nouvelle alliance, ils se livrèrent avec consolation au doux espoir d'être, sous ses auspices, à l'abri de tout danger (1).

(1) Les sanctuaires dédiés à Marie les plus célèbres présentent presque tous des circonstances plus ou moins merveilleuses dans leur origine. Ceux de N.-D. du Puy en Velay, de N.-D. de Liesse en Picardie, du Montserrat en Espagne, etc., où les princes et les grands de la tere allaient en foule solliciter les faveurs du ciel, sont particulièrement distingués sous ce rapport. (Voyez Orsini, *Histoire de la Vierge, mère*

L'auteur cité plus haut raconte ensuite la manière merveilleuse dont

de Dieu, tome 2.) Celui du Charmaix a aussi
son côté merveilleux, et l'auteur que nous
suivons, et qui, à en juger par le beau latin
dans lequel il a écrit son livre, était certainement un homme de talent, a sacrifié
aussi à l'esprit de son siècle, et n'a pas hé-
sité à dire, sans doute d'après la tradition
populaire, que la vénérable statue du Charmaix, après cette solennelle procession
dont il a rapporté les détails, avait dis-
paru miraculeusement de l'autel de Modane et avait repris possession de son
modeste oratoire. Il ajoute que sans se
déconcerter de cette disparition qui trou-
blait un peu leur joie et confondait leurs
espérances, les religieux habitants de Modane formèrent le projet de lui préparer,
non loin du rocher, un édifice plus digne
d'elle et plus à portée de ses nombreux vi-
siteurs. Ayant trouvé, près de la gorge où
était son oratoire chéri, un emplacement

la statue a repris possession de son oratoire et les autres circonstances

propre à y recevoir une chapelle, ils prépa-
rèrent avec empressement tous les maté-
riaux nécessaires à sa construction, et dès
qu'on eut mis la main à l'œuvre, afin d'engager les travailleurs à pousser avec courage leur pieuse entreprise, ils apportèrent
et placèrent près du chantier la statue elle-
même ; mais ils ne la gardèrent pas long-
temps : la nuit suivante elle disparut, et le
matin on la trouva à son même oratoire.
Pour s'assurer toujours plus de la vérité du
prodige, ils renouvelèrent une seconde fois
la même opération, et le même effet merveilleux en fut encore la suite. Confirmés
par cette expérience que la sainte Vierge
voulait recevoir les hommages de ses serviteurs en cet endroit, quoique peu em-
belli par la nature, les pieux fidèles de
Modane n'essayèrent plus de transporter
ailleurs son image, et ils lui élevèrent dans
le flanc de la montagne une modeste cha-

qui l'ont accompagnée. Sans nous arrêter même à suivre l'esprit de cette narration, nous ne dirons rien des motifs qui ont pu engager les anciens habitants de Modane à reporter cette statue au Charmaix; nous nous contenterons d'ajouter que ce n'est guère que dans le courant du seizième siècle que l'oratoire fut transformé en une chapelle d'abord assez peu apparente, mais qui, ayant reçu successivement des améliorations assez considérables par les générosités de diverses personnes, présenta dans le siècle suivant l'état satisfaisant dans lequel on la voit aujourd'hui.

Bénoît Génin, prêtre de Sollières, qui y fut envoyé, vers l'an 1625, en

pelle qui a dû précéder celle dont nous avons donné la description, qualité de recteur, est un de ceux qui se distinguèrent le plus par des donations, et qui, par le zèle qui l'animait pour l'honneur de la très-sainte Vierge, employa beaucoup d'argent, selon le rapport du R. P. d'Orly, à faire le prolongement de deux voûtes à la chapelle et construire une sacristie ainsi qu'un presbytère. Et comme, dans la saison rigoureuse, le séjour sur cette montagne eût été trop pénible d'un côté et presque sans résultat de l'autre, à cause du petit nombre de pélerins en cette saison, le recteur venait passer l'hiver à Modane, où la piété de nos princes lui avait préparé une habitation. Christine de France, régente des états de Savoie, sous la minorité de son fils Charles-Emmanuel, par patentes du 4 avril 1641, céda une tour et un jardin dans le bourg de Modane pour être consacrés au logement du recteur du Charmaix pendant la durée des frimas. En 1715, Victor-Amédée Ier, non content d'avoir élevé à la très-sainte Vierge un des plus beaux monuments de ses états dans la construction de la magnifique église de Superga, voulut encore donner une nouvelle preuve de sa piété envers la mère de Dieu en répandant aussi sur le sanctuaire du Charmaix quelques-unes de ses royales faveurs. Il donna ordre au sieur Palme, son intendant-général en deçà des Alpes, de s'informer de la nature des réparations et améliorations à faire à cette chapelle, et après le devis dressé par l'ingénieur Emmanuelli, il consacra la somme de 4,475 florins à ajouter des constructions nouvelles, à restaurer les vieux murs et à rendre cet édifice toujours plus digne de sa destination.

Tout ce qui nous reste de monuments anciens relatifs au sujet qui nous occupe ne laisse pas le moindre doute sur les nombreux pélerins qui se rendaient en foule à N.-D. du Charmaix. Les diplômes d'indulgences accordés par les deux cardinaux de Rochetaillée et de Chypre font mention du grand nombre de personnes qui visitaient cette chapelle, attirées par les faveurs miraculeuses qu'on y obtenait particulièrement depuis dix ans : *Ob miracula ibidem a decem annis proximè ut dicitur fluxis manifestè facta.* Depuis cette époque on peut dire que les pélerinages à la chapelle sont toujours allés croissant. Au commencement du dix-septième siècle, le concours des fidèles paraissait être arrivé à son plus grand période, jusques-là que le duc de Savoie Charles-Emmanuel Ier, quoique distrait par le bruit des guerres qu'il eut à soutenir pendant une si grande partie de son règne, entendant parler des faits merveilleux qu'on racontait du Charmaix et des pélerins qui s'y rendaient de tous les environs, voulut aller lui-même visiter en personne ce sanctuaire si vénéré. Ainsi, le 26 août 1620, il gravit, accompagné d'une suite nombreuse, la montagne sur laquelle il est situé, et après avoir assisté à la messe, visité avec soin l'édifice consacré à Marie et tous les alentours, il voulut s'assurer par lui-même de la vérité des faits que publiait au loin la foi des peuples. En ayant acquis la confirmation par les questions qu'il adressa aux assistants, il marqua son étonnement de ce qu'on ne prenait pas acte de ces faits extraordinaires, et qu'on ne leur donnait pas toute la publicité désirable (1). Ce fut alors

(1) Nous cédons volontiers au plaisir de citer ici une anecdote rapportée par Bertrand au sujet de cette visite, parce qu'elle fait toujours plus connaître que la générosité et la bienveillance ont toujours distingué éminemment tous nos princes. Un pauvre vieillard de Modane possédait un pré non loin de la chapelle du Charmaix. Les gens de la suite du duc y établirent les chevaux des officiers qui l'accompagnaient et foulèrent entièrement ce pré. Le bon vieux, qui regrettait de voir sa récolte de foin perdue, se présenta au duc lui-même pour réclamer un dédommagement. Le

que pour satisfaire aux pieux désirs du prince, le médecin Bertrand, de Saint-Jean-de-Maurienne, composa sa *Diva Virgo Charmensis*, où il réunit un certain nombre de faits miraculeux arrivés de son temps, et qu'il dédia au cardinal Maurice de Savoie.

Le R. P. d'Orly, qui a célébré avec tant de ferveur les merveilles opérées au Charmaix, dit quelque part dans son livre, imprimé à Besançon en 1643, qu'aucun habitant

prince l'accueillit avec une touchante bonté, et lui ayant demandé combien il estimait le préjudice qu'on lui avait causé, notre villageois, encouragé par l'extrême affabilité du duc, en fit une évaluation assez raisonnable. « Eh bien ! mon ami, lui repartit le bon prince, vous allez être satisfait. » Et aussitôt il lui fit compter quatre fois le montant de sa demande.

de la Maurienne ne terminait sa carrière sans avoir fait, au moins une fois dans sa vie, le pélerinage du Charmaix. On s'y rendait en si grand nombre qu'on avait dû bâtir auprès de la chapelle une habitation pour un prêtre qui y demeurait une partie de l'année, soit pour entendre les confessions des pélerins et leur administrer l'eucharistie, soit pour célébrer les messes qu'on vouait en l'honneur de la très-sainte Vierge. Il y avait même des fêtes de l'année où le nombre des pélerins était si considérable, que le recteur de résidence ordinaire devait appeler en aide les RR. PP. capucins de Saint-Jean, afin de faciliter la réception des sacrements à la foule qui se pressait auprès de ce sanctuaire. Il en venait non - seulement d'une grande partie de la Savoie, mais encore du Dauphiné, des vallées d'Oulx, de Bardonenche, et autres contrées voisines. Ceux de la Maurienne y allaient en certaines fêtes en si grand nombre que le R. P. d'Orly, qui sans doute en avait été plusieurs fois le témoin, en parle comme d'un concours vraiment extraordinaire qu'il appelle « un nombre presque sans nombre de pélerins. » C'est ainsi qu'il eut lieu en 1628, à la fête de la sainte Trinité, temps auquel on célébrait aussi le jubilé accordé par le pape Urbain VIII.

Comme nous le verrons dans le cours de ce petit livre, on ne saurait nier que l'on n'ait obtenu autrefois par l'intervention de Marie, au sanctuaire du Charmaix, grand nombre de faveurs spéciales qui tiennent plus ou moins du prodige. Parmi les chrétiens, les uns, peu éclairés, admettent indistinctement tous ces faits merveilleux, et n'hésitent pas à les regarder comme autant de miracles; les autres, peut-être trop imbus de l'esprit raisonneur du siècle, n'y voient qu'une pieuse exagération, et, comme dit l'abbé Orsini, ils s'appliquent autant qu'ils peuvent à dépouiller ces faveurs d'en haut de leur caractère surnaturel pour les réduire aux proportions ordinaires.

Pour nous, nous choisirons un milieu entre ces deux extrêmes, et sans reconnaître, avec les premiers, tous ces faits comme surnaturels, nous nous abstiendrons d'ôter à la plupart, avec les derniers, ce caractère particulier de l'intervention divine qui les rend si recommandables en eux-mêmes et si propres à exciter dans le cœur des fidèles la confiance et l'amour pour la très-sainte mère de Dieu. « Nous en parlerons, dirons-nous d'après l'auteur cité plus haut, comme nos pères, qui nous valaient bien, en ont parlé. Ces merveilles que la tradition nous a léguées de siècle en siècle ne sont point pour nous autres catholiques des articles de foi, et la critique peut y toucher sans blesser l'Église. Cependant, à notre avis, on gagnerait peu à les rejeter. » (*Histoire de la Vierge,* tome 2, page 175.)

C'est d'après ces principes que parmi le grand nombre de faits merveilleux rapportés par les auteurs

2*

contemporains au sujet du Charmaix, nous avons fait choix des sui-
vants, que nous livrons avec confiance à la piété des fidèles, persuadés qu'ils y trouveront matière à
nourrir de plus en plus leur tendre
dévotion envers Marie, à la vue de
tant de preuves signalées de son
grand crédit auprès de Dieu et de
son incomparable ardeur à venir en
aide à toutes les classes de malheureux.

ENVERS MARIE.

CHAPITRE PREMIER.

—

Iᵉʳ MOTIF.

Marie est la fille privilégiée de Dieu le père.

Quand les moments marqués pour l'incarnation du fils de Dieu furent arrivés, le Seigneur voulut lui préparer la mère la plus digne de lui. Il forma donc dans le chaste sein de sainte Anne, la créature humaine la plus accomplie qui fût jamais après l'humanité adorable de notre divin Sauveur. Selon la pieuse croyance de l'Église, il l'exempta dès le moment de sa conception de la tache originelle qui pèse sur tous les autres enfants d'Adam. Elle parut au monde sans souillure aucune : *Et macula non est in te*. Il l'enrichit en même temps des grâces les plus précieuses , en déposant dans son âme le germe des plus éclatantes vertus. Il la dota d'une pureté sans égale, d'une humilité incomparable, d'une douceur plus qu'angélique, auxquelles il ajouta une modestie ravissante, une candeur, une ingénuité d'âme qui relevaient encore infiniment le mérite de tous ces dons célestes. A mesure qu'elle avançait en âge, cette fille de bénédiction correspondait tellement à toutes ces faveurs qu'elle s'en procurait par là toujours de nouvelles, et Dieu, satisfait de voir ses dons si bien employés, ne mettait plus de bornes à ses largesses. Il ne cessait de les verser à pleines mains sur cette heureuse vierge qui plaisait si fort à son cœur. Il ne pouvait pas lui donner de plus touchantes preuves de son affection qu'en la préparant ainsi, par les plus admirables qualités, à la sublime dignité de mère de son divin fils. Or, s'il a prouvé par tant de dons généreux l'extrême amour qu'il porte à la sainte Vierge comme à sa fille chérie, comme au plus parfait ouvrage, après J.-C., sorti de ses mains divines, il ne saurait donc rien refuser à ce cher objet de ses complaisances. Qu'est-ce en effet qu'un bon père pourrait refuser à une fille qu'il aimerait avec toute l'ardeur de la tendresse paternelle? Ainsi Dieu aime Marie, en laquelle il retrouve une image vivante de ses perfections divines, et se plaît à lui donner en toute rencontre des marques de son affection, en lui accordant toutes les faveurs qu'elle réclame ; et comme elle n'a rien à demander pour elle, étant déjà au comble du bonheur, c'est pour nous qu'elle se plaît à solliciter toutes les grâces dont nous avons besoin pour nous faire partager un jour sa gloire et sa félicité. Recourons donc avec confiance à Marie, puisque sa qualité de fille chérie du Père Éternel lui donne, pour ainsi dire, un droit certain sur son cœur et l'assurance d'obtenir de son infinie bonté toutes les faveurs qu'elle lui demandera pour nous.

EXEMPLE.

Le pieux auteur qui a réuni ces différents monuments de la protection de la sainte Vierge envers ceux qui l'invoquent raconte une grâce signalée qu'il a obtenue lui-même en faveur de son fils. Il nous apprend qu'étant marié à une demoiselle noble appelée Claudine Marin, il en eut un fils qui à l'âge de deux ans tomba de son lit sur le plancher de là chambre et se démit la première vertèbre de l'épine dorsale. A mesure que l'enfant grandit, il se forma une bosse vers l'épaule droite, à laquelle vint s'ajouter un squirre. Bientôt un ulcère se manifesta sur la partie malade et cariait les os de l'épaule et du bras. Après avoir essayé toutes les ressources de la médecine jointes aux soins les plus assidus, la maladie ne faisait qu'augmenter, au point que la vie de l'enfant était en un grave danger. Son religieux père, voyant que tous les moyens humains étaient incapables de rendre la santé à son enfant, eut l'inspiration de s'adresser à Dieu par l'entremise de Marie pour obtenir une guérison que, comme médecin, il regardait comme impossible par d'autres voies. Il s'engagea donc par vœu au pélerinage du Charmaix, et à faire porter son fils au pied de l'autel de cette chapelle, afin d'y implorer avec plus de ferveur le secours de celle qu'on n'invoqua jamais en vain. Le 16 du mois de juillet 1605, il fit placer cet enfant dans une hotte (car il ne pouvait aller ni à pied ni à cheval), la chargea sur les épaules d'un homme vigoureux, et partit ainsi de Saint-Jean-de-Maurienne, où il demeurait, pour le Charmaix. Arrivé dans cette chapelle, il y fit célébrer le saint sacrifice de la Messe à son intention, y pria avec toute la ferveur dont il fut capable, réclama avec une entière confiance le secours de la sainte Vierge, dont il avait déjà appris à apprécier les bienfaits en d'autres circonstances de sa vie, et comme il quittait la chapelle pour retourner dans ses foyers, après avoir accompli son vœu, quels furent son étonnement et sa joie de voir son fils reprenant, pour ainsi dire, une nouvelle vie! Bientôt l'ulcère se ferma; le bras et la main reçurent le mouvement; le corps, auparavant d'une maigreur extrême, se fortifia tellement que le jeune enfant fut dans le cas de se livrer bientôt après aux études les plus sérieuses dans les deux colléges des jésuites de Chambéry et de Lyon, devint dans la suite chanoine de la collégiale d'Aiguebelle et mourut recteur du collége de Saint-Jean-de-Maurienne. Comme s'il eût voulu pouvoir léguer à la postérité un monument durable de sa reconnaissance pour un tel bienfait, il composa une pièce de vers latins que nous avons encore aujourd'hui, où sont exprimés les plus touchants sentiments de vénération et d'amour envers cette bonne et tendre Mère qui lui avait obtenu une guérison si inespérée.

PRATIQUE.

C'est par sa fidélité à correspon-

dre aux grâces que Dieu le père ré-
répandait sur elle que Marie est
arrivée à un si haut point de perfection. Pour imiter cette fidélité,
efforçons-nous de bien mettre à pro-
fit les grâces que nous recevons
chaque jour de la main de Dieu,
les inspirations qu'il nous donne et
les bons mouvements qui nous por-
tent vers lui. Renouvelons souvent
la résolution d'être tout à Dieu, de
travailler désormais avec ardeur à
avancer dans la pratique de la vertu
que nous reconnaîtrons nous être
plus nécessaire, et demandons à
Dieu cette fidélité à correspondre à
la grâce par l'intercession de Marie.

PRIÈRE.

Vierge sainte, du haut du ciel
où vous régnez avec tant de gloire,

daignez abaisser pour un moment vos regards miséricordieux sur moi. Voyez quelle est mon inconstance et ma lâcheté dans la route du salut, comme je manque souvent de résolution et de courage pour avancer dans la pratique des vertus. Obtenez-moi, vous qui êtes si bonne et qui désirez si ardemment mon salut, la force de correspondre toujours fidèlement aux grâces de votre divin Fils, afin que par cette fidélité je mérite d'être un jour associé à votre gloire. Ainsi soit-il.

Ave, Maria.

CHAPITRE DEUXIÈME.

—

IIe MOTIF.

Marie est la mère du fils de Dieu.

Parmi les relations que la nature a établies pour lier les hommes entre eux, il n'en est peut être point d'aussi fortes, d'aussi intimes que celles qui existent entre une mère et son fils. En effet, quel attachement un enfant bien né ne témoigne-t-il pas à une mère pleine de tendresse? Quel empressement ne met-il pas à lui prouver en tout combien il tient à cœur de lui faire plaisir? Or, s'il en est ainsi parmi les hommes tout imparfaits qu'ils sont, quelles relations bien autrement admirables ne découvrirons-nous pas entre J.-C. et sa très-sainte Mère ? Quand Salomon fut élevé à la dignité de roi d'Israël, il voulut que sa mère s'assît sur un trône à côté de lui, et que de là elle lui adressât librement des supplications. « Demandez, ma mère, lui disait-il, il est impossible que je puisse vous rien refuser. » Or, si un homme a pu tenir à sa mère un si beau langage lorsqu'il fut parvenu à la souveraine puissance, quels égards bien plus particuliers n'aura pas le Fils de Dieu pour sa très-sainte Mère? Comme un autre Salomon, ne lui dira-t-il pas souvent, avec un empressement filial : Demandez, ma mère ; mon pouvoir est sans bornes, je ne puis rien refuser à une mère telle que vous? Si, pendant sa vie mortelle, il s'est toujours montré fils affectueux et obéissant envers sa sainte Mère, si, pour témoigner son respect pour ses volontés, il a fait, à sa prière, le premier miracle de sa vie apostolique, ne devons-nous pas croire que, maintenant au ciel où il jouit à la droite de Dieu de la plénitude de sa puissance, il s'empressera, comme un bon fils, de la partager avec Marie sa mère, et de lui assurer d'efficaces moyens de nous être utile? Les saints Pères ont été si persuadés du grand crédit de la très-sainte Vierge auprès de son divin Fils, qu'ils ont appelé sa médiation pour nous auprès de lui toute puissante : *Omnipotentia supplex.* Or, comme un fils riche et puissant, et plein d'affection pour sa mère, ne saurait lui rien refuser des justes demandes qu'elle lui adresserait, aussi devons-nous penser que J.-C., le plus soumis, le plus respectueux des enfants, ne saurait rien refuser non plus à la plus digne des mères. Par là nous voyons que sa qualité de mère du Fils de Dieu, qui est la plus auguste de ses prérogatives, devient aussi le fondement le plus solide de notre confiance, et quand nous n'aurions pas l'enseignement unanime de l'Église et des saints pour nous apprendre l'efficacité puissante de l'intercession de Marie auprès de son divin Fils, la raison seule nous en persuaderait, parce qu'on ne pourrait pas concevoir qu'un tel Fils pût jamais refuser d'écouter et d'exaucer favorablement une telle Mère.

EXEMPLE.

Michel, fils d'Étienne Chenal, de Saint-André, était parti le jour de Saint-Laurent, l'an 1604, pour aller à la chasse dans les hautes montagnes qui dominent cette paroisse. Comme il poursuivait sa proie à travers un glacier et que son œil attentif à cette poursuite l'empêchait de regarder devant lui, ses pas précipités rencontrèrent une de ces crevasses assez ordinaires dans ces amas de glaces, dans l'intérieur de laquelle il roula avec son fusil jusqu'à la profondeur de 25 à 30 pieds. Là, il se trouva suspendu sur un abîme bien plus profond, au-dessus duquel il était retenu par les deux murs de glace qui le pressaient des deux côtés et ne lui permettaient aucun mouvement. Se voyant dans cette affreuse prison, sans secours, sans appui, sans espérance d'être secouru par qui que ce fût, ne pouvant d'ailleurs faire aucun mouvement pour essayer de regagner le haut de la crevasse, sa position devint la plus terrible qui fût jamais. Dans cette extrémité cruelle, il puisa toutes ses ressources dans sa foi. Instruit que la très-sainte Vierge se plaît à étendre sa puissante protection sur tous ceux qui recourent à elle dans leurs pressants besoins, il se mit à l'invoquer avec toute la ferveur dont il était capable, et à faire le vœu d'aller en pélerinage au Charmaix s'il échappait à cet effroyable danger.

Cependant la nuit était proche, et son père, ne le voyant point arri-

ver le soir du même jour, s'infor-
mait de tous ceux qui venaient de
la montagne s'ils n'avaient point
rencontré son fils. Mais aucun ne
l'avait vu. A mesure que la nuit s'a-
vançait, l'inquiétude du père et de
toute la famille augmentait. La nuit
se passa sans dormir, et le lendemain, à la première heure du jour,
le père envoya son domestique et
d'autres personnes de sa maison à
la recherche de son malheureux fils.
Ils partirent et parcoururent avec
soin les champs, les bois, les forêts,
et arrivèrent aux monts les plus es-
carpés sans avoir rien découvert.
Mais voilà qu'un de la troupe croit
apercevoir sur le glacier qui est
devant eux les traces et les pas d'un
homme marqués sur la neige fraî-
chement tombée. Ils les suivent avec

anxiété le mieux qu'ils peuvent , et insensiblement ils sont conduits jusqu'aux bords de la fatale crevasse. Là , pendant qu'ils parcourent des yeux ce qu'ils peuvent apercevoir de l'intérieur de l'antre , ils entendent le son plaintif d'une voix humaine qui paraît venir du fond de l'abîme. Ils ne doutent plus que ce ne soit là l'homme qu'ils cherchent, et aussitôt un de la troupe vient en apporter la nouvelle au père qui, pleurant de joie de pouvoir retrouver son fils, court engager ses plus proches parents à aller à sa délivrance. Cette nouvelle ayant mis tout le bourg en émoi , le curé, le châtelain et une foule de personnes partirent incontinent avec des cordes et autres instruments pour essayer de sauver la vie à l'infortuné Michel.

Arrivés sur les lieux, et après avoir calculé autant qu'ils purent la profondeur de l'abîme où Chenal était enseveli tout vivant, ils lui jetèrent des cordes, lui faisant entendre de s'y attacher fortement, et que, par ce moyen, il serait incessamment tiré hors de sa prison. Après quelques moments d'attente, on tire la corde, et au moyen d'efforts bien combinés on rend à la lumière et à la vie le pauvre Michel, qui paraît, au sortir de cet antre, sans blessure, bien portant et plein de joie, quoique tout imprégné de glace. Et comme on lui demandait comment il avait pu soutenir de telles angoisses, supporter un si grand froid et surmonter toutes les horreurs qui devaient le conduire à une mort si cruelle, il répondit naïvement

qu'ayant invoqué avec toute ferveur, au moment de sa chute, le
secours de la sainte Vierge, et ayant
fait vœu en même temps d'aller se
consacrer à son service au pied de
son autel, au Charmaix, s'il survi-
vait à ce danger, il lui avait semblé
avoir continuellement à ses côtés
cette bonne Mère qui soutenait son
courage et lui inspirait l'espoir
d'être délivré. Il était tellement persuadé qu'il y avait eu quelque chose
de surnaturel dans sa conservation,
qu'au sortir de la crevasse, au lieu
de songer à aller voir sa famille qui
l'attendait avec tant d'impatience,
il se contenta de remercier, le plus
obligeamment qu'il put, les personnes qui l'avaient tiré de sa cruelle
position, les chargea de saluer pour
lui son cher père, et, jaloux d'ac-

quitter au plus tôt sa dette envers sa généreuse bienfaitrice, il prit incontinent la route du Charmaix, la tête découverte, les yeux baignés de larmes, les mains élevées vers le ciel, pour aller exprimer sa reconnaissance à celle qui l'avait protégé si visiblement au milieu de transes plus amères que la mort. Ce fait prodigieux fut attesté, dans le temps, par le R. Maurice Arnaud, curé de Saint-André, par Pierre Sixt, Pierre Chenal, Michel Borrel, André Sixt, qui, tous témoins de la conservation extraordinaire de Michel Chenal, ne purent l'attribuer, ainsi que lui, qu'à une protection spéciale de la mère de Dieu.

(*Diva Virgo Charmensis*, p. 55.)

PRATIQUE.

Marie est la mère du Fils de Dieu. C'est là la plus auguste de ses prérogatives et son plus beau titre de gloire. Il faut donc, pour lui faire honneur, vénérer singulièrement ce titre sublime, en lui disant souvent avec l'Église : Marie, mère de Dieu, priez pour nous; Marie, mère de Dieu, secourez-nous, soyez-nous propice. Le souvenir si consolant que lui rappellera cette invocation la disposera, sans aucun doute, à exaucer favorablement nos vœux et nos prières.

PRIÈRE.

O Marie, qui vous montrez toujours si prompte à secourir ceux qui vous invoquent, qui n'abandonnez aucun de ceux qui recourent à vous dans leurs pressants besoins, voyez le profond abîme où m'ont jeté mes péchés et où me retiennent encore mes tristes passions; tirez-moi, je vous en conjure, de ce grave danger qui menace mon âme, et me faisant arriver à la lumière de la grâce qui me réconciliera avec J.-C., votre divin Fils, obtenez-moi que je ne me sépare jamais plus de lui par le péché. Ainsi soit-il.

Ave, Maria.

CHAPITRE TROISIÈME.

—

IIIe MOTIF.

Marie est l'épouse du Saint-Esprit.

Qui est-ce qui pourrait dire les communications ineffables qui s'établirent entre l'esprit de Dieu et la très-sainte Vierge au moment de l'incarnation ? Saint Bernardin nous assure qu'elle reçut en ce moment une telle abondance de grâce qu'elle n'eût pu en recevoir davantage à moins d'être Dieu. (*Serm. de nom. Mariæ.*) Le Saint-Esprit se l'étant choisie pour épouse a dû la faire jouir de tous les droits d'une épouse sur les biens de son époux et les partager avec elle autant qu'elle en était susceptible. Un grand roi qui, épris d'un inexprimable amour pour la fille d'un de ses sujets, l'aurait épousée avec le dessein de l'élever à la dignité de reine, pourrait-il ne pas partager en même temps avec elle tous ses honneurs, tous ses titres, tous ses biens, toute sa puissance ? Ainsi Marie, devenue par ses vertus, ses précieuses qualités, l'objet du plus tendre amour de l'Esprit-Saint qui l'a élevée à la dignité sublime de son épouse, n'aura-t-elle pas à sa disposition une partie de son pouvoir et de ses richesses spirituelles? C'est ce qui a fait dire aux saints qu'elle avait été établie la distributrice des grâces, et que, pour arriver dans le cœur des hommes, elles devaient passer auparavant par ses augustes mains.

L'esprit de Dieu est la source des lumières qui éclairent les hommes sur leurs devoirs et la force surnaturelle qui les aide à les accomplir. Marie est comme la lune qui reçoit les rayons lumineux de ce soleil de justice, et les répand ensuite sur les fidèles pour les diriger à travers les ténèbres du siècle et les faire arriver heureusement au beau jour de l'éternité. L'Esprit-Saint est appelé, dans l'Écriture, l'esprit consolateur; Marie est surnommée par l'Eglise la consolatrice des affligés. L'Esprit-Saint s'honore d'être l'époux des âmes chastes; Marie est établie la reine des vierges. L'Esprit-Saint est le protecteur de l'Eglise qui veille sur ses besoins; Marie est le secours des chrétiens qui sont ses membres, et qui combattent pour sa gloire. En un mot, rien n'est plus touchant que de considérer les rapports admirables qui existent entre l'esprit de Dieu et la très-sainte Vierge, et de remarquer comment elle contribue au salut des hommes par le crédit tout-puissant dont elle jouit auprès des trois personnes adorables de la sainte Trinité. Et quand elle n'aurait, pour exciter notre confiance, que ce seul titre d'épouse du Saint-Esprit, n'en serait-il pas assez pour nous engager à attendre d'elle les plus précieuses faveurs ?

EXEMPLE.

Ce n'est pas seulement la Maurienne qui, dans les temps que nous rappelons, témoignait avec ferveur sa dévotion à Marie ; toute la Savoie se distinguait par sa piété et sa vénération envers la mère de Dieu. La ville de Chambéry surtout donna, au commencement du dix-septième siècle, une preuve bien touchante de sa confiance au pouvoir tout-puissant de la sainte Vierge, en faisant, d'un commun accord, le vœu vraiment extraordinaire d'aller en masse en pélerinage à Notre-Dame de Vic, en Piémont (1). En effet, dans le cou-

(1) Bertrand ne dit point en quelle occasion la ville de Chambéry fit ce vœu si contraire à nos mœurs actuelles. Le P. d'Orly assure qu'il a été fait par cette ville en reconnaissance d'avoir échappé, par la protection de la sainte Vierge, à une affreuse peste qui avait ravagé les environs. Le même Père nous apprend que, malgré le grand nombre de personnes de tout sexe, de tout âge, de toutes qualités, qui composaient cette procession, les choses s'y pas-

rant d'octobre 1604 , tous les habitants de Chambéry, à l'exception des vieillards et des enfants qui n'auraient pu soutenir une si longue route , se mirent en marche pour ce lointain pélerinage. Outre les grandes familles nobles , les magistrats, les riches bourgeois, qui marchaient en bon ordre , chantant des hymnes, des cantiques, des litanies, autant pour satisfaire leur dévotion que pour adoucir les fatigues de la route, on remarquait un certain nombre de jeunes vierges qui signalaient leur piété en suivant la procession la tête couverte d'un voile , et quel-

sèrent avec tant d'ordre et de piété, qu'on eût dit, ce sont ses propres expressions, « que le ciel étoilé était devallé çà-bas, et que les escadrons célestes s'étaient travestis en formes humaines. »

ques-unes même nu-pieds. Comme cette troupe religieuse passait à Aiguebelle, quelques personnes de cette ville, excitées par le désir d'honorer la sainte Vierge, se joignirent à elle. On nous a conservé les noms de Pierre Agricola, prêtre, de Nicolas Lachat, procureur près le sénat de Savoie, d'Amédée Aloy, praticien, et de deux autres. Ayant suivi la procession jusqu'au sanctuaire de Vic, terme du pélerinage, ils revenaient avec elle, lorsqu'étant proche du Mont-Cenis, le vertueux prêtre Pierre Agricola proposa à ses compagnons de voyage de devancer d'une journée la procession, de prendre leur route par le petit Mont-Cenis, et de se rendre à Notre-Dame du Charmaix afin d'avoir la consolation de célébrer les saints

mystères dans une chapelle si vénérée. La proposition ayant été ac-
ceptée, ils se mirent en marche
avec courage, et ayant franchi le
petit Mont-Cenis à travers mille dangers occasionnés par la tempête et
les orages qui les assaillirent sur la
montagne, ils arrivèrent sains et
saufs au Charmaix. Là, le prêtre
qui servait comme d'aumônier à la
petite troupe ayant célébré la sainte
messe, ses compagnons y ayant assisté avec toute ferveur, les uns et
les autres se hâtèrent de quitter le
Charmaix pour rejoindre la procession qui avait suivi la route et con-
tinuait sa marche. Mais comme le
sentier étroit qu'il fallait prendre
en sortant de la chapelle était plein
d'eau, notre pélerin, Pierre Agricola, chercha une autre voie plus

sûre pour descendre de la montagne. A peine a-t-il fait quelques pas hors du sentier que ses pieds glissent sur ce terrain en pente, et comme il marchait sur un affreux précipice, il roule jusqu'au fond de l'abîme. Ayant invoqué Marie au moment de sa chute, son secours ne s'est pas fait attendre, et aussitôt une force surnaturelle le repousse hors de l'abîme et le reporte, à la vue de ses compagnons émerveillés, plein de santé et de vie, au milieu du chemin. *Nam illicò,* dit Bertrand, *tanquàm pila ictu resiliens (ut qui in hunc diem adhùc vitâ fruuntur comites sánctè affirmant) rectus in viâ constitit.* Pleins de reconnaissance pour un si grand bienfait, ce saint prêtre et ses religieux compagnons de voyage continuèrent leur route en bénissant Dieu, et publiant partout la puissance et la bonté de Marie dont ils venaient de voir et d'éprouver un nouveau et merveilleux essai.

(*Diva Virgo Charmensis,* p. 63 et suiv.)

PRATIQUE.

Remerciez Dieu le père de la puissance qu'il a donnée à Marie, sa fille bien-aimée; remerciez Dieu le fils de la sagesse qu'il lui a communiquée comme à sa sainte Mère, et le Saint-Esprit de l'amour dont il l'a dotée comme son épouse. Pour cette fin dites trois *Ave, Maria,* et trois *Gloria Patri,* en l'honneur des trois personnes de la sainte Trinité. C'est la sainte Vierge elle-même qui révéla cette pratique à une de ses plus fidèles servantes, en ajoutant qu'elle aimait beaucoup à être honorée de cette manière.

PRIÈRE.

O Marie ! qui avez eu l'incomparable honneur d'être choisie pour être l'épouse de l'Esprit-Saint, et qui avez soutenu ce titre glorieux par la pratique des plus sublimes vertus, obtenez-moi d'avoir quelque part aux ineffables communications de ce même Esprit ; faites qu'il me prévienne de ses grâces, qu'il me pénètre de sa charité, qu'il me remplisse d'ardeur pour le bien, et qu'étant ainsi embrasé de son amour, je puisse travailler constamment à procurer la gloire de Dieu et le salut de mon âme. Ainsi soit-il.

Ave, Maria.

CHAPITRE QUATRIÈME.

—

IVe MOTIF.

Marie est la médiatrice entre Jésus-Christ
et les hommes.

Jésus-Christ est le tout-puissant médiateur des hommes auprès de Dieu. Il s'est acquis ce glorieux titre par son sang et sa mort, et chaque jour, selon l'apôtre saint Paul, il en remplit les fonctions en intercédant pour nous auprès de son Père : *Semper interpellat pro nobis.*

Marie, qui a eu une si grande part à notre rédemption, devait exercer aussi une véritable médiation entre les hommes et J.-C. son fils. Aussi, saint Bernard nous apprend qu'elle

4*

a été établie entre Jésus-Christ et son Église, entre le chef et ses membres : *Maria inter Christum et Ecclesiam constituta.* (*Sup.* 12. *Cap. Apoc.*) Qui est-ce qui pourra dire avec quel zèle elle remplit auprès de son divin Fils les fonctions de médiatrice entre lui et les hommes? Il faudrait pour cela comprendre tout ce qu'il y a dans son cœur de charité pour nous, toute la chaleur de ses entrailles maternelles, toute l'étendue de la compassion qu'elle nous porte à la vue de nos misères, tout le désir qu'elle a de nous soulager; alors on commencerait à comprendre quels biens elle nous procure, et combien sont avantageux les effets de sa médiation. Fils malheureux d'un père coupable, elle ne peut nous voir abandonnés à notre triste sort sans travailler de tout son pouvoir à nous en retirer. Elle nous voit le prix de la rédemption de son Fils, tout couverts, pour ainsi dire, de son sang, de ce sang qu'il a puisé dans son sein et qu'elle lui a vu répandre pour nous avec tant d'amour sur le Calvaire; comment, à cette vue, n'agirait-elle pas avec la plus vive ardeur pour nous faire profiter de tant de mérites qui nous ont été acquis par son Fils et qui lui ont coûté son sang et sa vie? L'office de médiateur est d'attirer toutes sortes de biens sur ceux que l'on protége, de procurer la réconciliation de ceux qui sont coupables, de soutenir ceux qui sont fidèles, d'aider et d'enhardir les faibles, de détourner les châtiments de dessus la tête de ceux qui font le mal, et d'assurer à tous une bonne part aux faveurs du maître de nos destinées. Ainsi, Marie sollicite auprès de son Fils la conversion des pécheurs et leur obtient leur pardon. Elle lui recommande les justes et leur procure les grâces de persévérance. Elle prend compassion des faibles et des pusillanimes, et leur ménage des secours puissants pour les faire marcher avec courage dans la voie du salut; et s'il en est qui malheureusement s'obstinent dans le mal et continuent leurs prévarications, elle conjure encore le Seigneur de désarmer son bras irrité et d'attendre que ces brebis infidèles reviennent enfin à résipiscence. Or, s'il en est ainsi, comme nous ne saurions en douter, qui est-ce qui pourra ne pas placer en Marie, après

Dieu, toute sa confiance, et ne pas compter sûrement sur l'efficacité de sa médiation? Quelle injure même ne lui ferions-nous pas si nous doutions seulement de sa vive sollicitude pour nos intérêts éternels, et de ses ardents désirs de nous voir un jour partager sa gloire?

EXEMPLE.

François, fils de Pierre Bernard, de Modane, éprouva d'une manière bien particulière la protection bienveillante de Marie. Depuis l'âge de cinq ans jusqu'à douze, époque de sa guérison merveilleuse, il était non-seulement boiteux et ayant les pieds tortus, mais il était tellement faible des jambes qu'il ne pouvait faire un pas sans être appuyé sur deux béquilles. Ses parents, qui sup-

portaient avec tant de peine l'infirmité de cet enfant, avaient employé
jusque-là vainement tous les secours de la médecine et n'avaient
rien épargné pour assurer la guérison de leur fils. Mais voilà qu'un
de ses oncles venant à passer un
jour devant la maison de cet enfant,
qui y était en ce moment seul, sa
mère étant à la montagne où elle
prenait soin des troupeaux, et le
voyant toujours infirme et incapable
de marcher, saisi sans doute d'un
grand esprit de foi, lui adressa la
parole en ces termes : « Que fais-tu
là, paresseux? » Et en même temps
le prenant par le bras avec une espèce d'impatience, il le tire hors de
sa maison et lui dit : «Va à la montagne du Charmaix trouver ta mère,
et en passant devant la chapelle de

la sainte Vierge pour y arriver, jette tes béquilles dans le sanctuaire, en disant : Recevez, Vierge sainte, ces béquilles, et gardez-les près de vous autant de temps que je m'en suis servi moi-même. Après cela tu te rendras auprès de ta mère. » Le misérable estropié obéit ponctuellement à son oncle ; il se met en route appuyé sur ses béquilles, et après d'incroyables efforts il arrive auprès de la sainte chapelle. Là il exécute de point en point les ordres de son oncle, jette ses béquilles dans le sanctuaire en adressant, avec sa simplicité d'enfant, à la sainte Vierge, les mêmes paroles qu'il lui avait apprises, et voilà que celui qui jusque-là n'avait pu faire un pas sans secours se dresse aussitôt sur ses jambes, fort et vigoureux, se met à marcher sans peine et va trouver sa mère dans un état de guérison parfaite. Depuis ce jour jusqu'à l'âge de 66 ans que cet homme a vécu, il n'a pas cessé de raconter à tous le miracle de sa guérison et la faveur si particulière qu'il avait reçue de Marie.

(*Diva Virgo Charmensis,* pag. 66 et suiv.)

PRATIQUE.

Consacrez-vous chaque jour à Marie par quelque courte prière ou aspiration ; cette pratique est très-agréable à la sainte Vierge et très avantageuse à ceux qui l'observent. Sainte Madeleine de Pazzi disait plusieurs fois le jour : « O Marie, je me donne tout entière à vous, recevez-moi et conservez-moi. » Révérez les images de Marie ; portez-en une sur vous, ou au moins ayez-en une dans votre chambre. Louis - le -Débonnaire, empereur, en portait toujours une sur lui, et quand il était seul, il se mettait à genoux et priait devant cette image; et l'on sait combien cette pieuse pratique lui fut profitable.

PRIÈRE.

Qu'il nous est doux, ô Marie, de vous avoir pour notre protectrice et notre avocate auprès de Dieu ! Faites-nous sentir toujours plus efficacement le bienfait de votre puissante médiation, en nous obtenant du Père des miséricordes le pardon de nos nombreuses fautes, la grâce de les expier par la pénitence et le vif désir de n'y plus retomber. Sollicitez pour nous ces grâces précieuses de salut qui nous aident à l'accomplissement de tous nos devoirs et à la pratique des vertus propres de notre état, puisque c'est par là seulement que nous pourrons un jour avoir le bonheur de partager votre gloire. Ainsi soit-il.

Ave, Maria.

CHAPITRE CINQUIÈME.

—

Ve MOTIF.

Marie est le secours des chrétiens
(auxilium christianorum).

C'est l'Église, conduite par l'Esprit saint, qui a donné à Marie cette glorieuse et consolante qualification. Attentive à considérer les bienfaits de tant de genres que ses enfants retirent chaque jour de son invocation, elle l'a surnommée à juste titre le Secours des chrétiens : *Auxilium christianorum.* Aussi, par combien de prodiges et de faveurs miraculeuses n'a-t-elle pas justifié dans tous les siècles, chez tous les peuples, cette touchante dénomination! Quel est, en effet, le chrétien fervent, le serviteur dévoué de Marie qui n'ait éprouvé la vérité du titre qui lui a été donné par l'Église et qui n'ait ressenti plus d'une fois l'assistance spéciale de cette tendre Mère? Je vous interpelle ici, vous tous qui avez eu recours à elle avec une véritable confiance, et qui avez sollicité son secours puissant dans vos tribulations et vos peines, quand vous a-t-elle refusé son appui salutaire? Quand vous a-t-elle laissé sans consolation dans les traverses de la vie ? Quand a-t-elle dédaigné de vous secourir dans vos besoins ? Dites plutôt combien de fois elle a séché vos pleurs, lorsque vous l'invoquiez avec cette vive confiance qui l'honore ; combien de fois, dans vos désolations, elle a ramené le calme et la tranquillité dans votre âme en y faisant descendre l'espérance ; combien de fois son nom seul a dissipé vos chagrins, calmé vos inquiétudes et rappelé la paix et la sécurité au fond de votre cœur. Dites aussi à combien de dangers vous avez échappé, combien de tentations vous avez vaincues, combien d'obstacles au salut vous avez surmontés, en l'appelant au secours de votre faiblesse, et en lui confiant, avec un filial abandon, vos intérêts 'es plus chers. Saint Bernard était tellement persuadé de l'efficacité de la protection de Marie en faveur des chrétiens, qu'il ne craignait pas d'avancer qu'on n'a jamais ouï dire qu'un chrétien ait eu recours à elle et n'en ait pas été secouru, qu'il ait réclamé sa médiation et ne l'ait pas obtenue. Le surnom de Secours des chrétiens donné par l'Église à la très-sainte Vierge se trouve donc pleinement justifié par l'expérience qu'en font tous les jours ceux qui l'invoquent avec foi et amour, et devient pour tous le motif d'une légitime confiance en sa toute puissante intercession.

EXEMPLE.

Jacques Pilliat, de Termignon, avait un fils appelé Pierre, qui fut attaqué tout à coup d'une espèce de langueur qui ne cédait à aucun remède, et, ce qu'il y avait de plus désolant dans son état, il avait perdu en même temps l'usage de la parole. Ses parents, affligés de ce qu'après beaucoup de moyens employés pour le guérir, aucun n'avait eu un résultat satisfaisant, attribuèrent sa maladie à un maléfice, et se tournèrent du côté de Dieu pour en obtenir la guérison. Le père surtout, plein de foi et de confiance en la sainte Vierge, fit le vœu de se rendre au Charmaix, et d'y supplier la Mère de Dieu de rendre à son fils une santé si nécessaire et qu'aucun remède n'avait pu lui procurer jusques-là. Le 17 du mois de janvier 1609, il fit, en effet, le pélerinage du Charmaix, sans être arrêté par les incommodités de la saison. Arrivé dans la chapelle, il adressa à Dieu et à sa sainte Mère les plus ferventes prières, sollicita, avec beaucoup de larmes, la guérison de son fils, et après avoir accompli religieusement son vœu, il reprit, non sans anxiété, la route de sa paroisse. Mais quelle fut sa joie, en rentrant dans sa famille, de retrouver son fils entièrement guéri, parlant avec facilité, et d'apprendre que cette guérison merveilleuse s'était opérée à l'heure même où il priait avec ferveur au pied de l'autel du Charmaix! Cette faveur surprenante répandit la joie dans toute la famille de Jacques Pilliat et chez tous ses voisins qui, témoins de cette guérison inespérée, voulurent tous se réunir à lui pour en rendre ensemble de très-vives actions de grâces à l'auteur de tout bien et à sa très-sainte Mère.

(*Diva Virgo Charmensis*, pag. 84 et suiv.)

AUTRE EXEMPLE.

Dans le courant de janvier 1627, le notaire ducal Pierre Borrel, de Saint-André, reçut la déposition suivante, relative à une guérison miraculeuse obtenue par l'invocation de Notre-Dame du Charmaix. Jean-François Giraud, habitant de ce bourg, et employé au débit du sel dans cette paroisse, était en proie à une maladie si extraordinaire que les médecins ne savaient ni la définir ni lui appliquer les remèdes convenables. Dans les accès qu'il en essuyait de temps en temps, il en sentait de si cruelles douleurs qu'il en perdait la tête et tombait dans une déplorable frénésie. Depuis environ huit ans qu'il était sujet à cette infirmité, il avait essayé inutilement tous les remèdes. Voyant que tous les secours humains étaient incapables de lui procurer aucun soulagement, il tourna ses pensées vers Notre-Dame du Charmaix et recourut avec autant de ferveur que de confiance à sa puissante intercession. A peine eut-il invoqué le secours de cette Mère compatissante et fait avec une de ses parentes le pélerinage du Charmaix, que ses douleurs disparurent et qu'il fut bientôt rendu à une heureuse santé. Dans sa reconnaissance pour la faveur signalée qu'il venait d'obtenir, il voulut en laisser à la posté-

rité un témoignage public et constant, en la faisant consigner dans
les actes du notaire ducal de sa paroisse.

(*Merveilles du Charmaix*, par le
R. P. d'Orly, pag. 222.)

PRATIQUE.

Ayez une tendre dévotion pour
l'*Ave, Maria*. Dites-le très-souvent,
principalement avant de commencer chacune de vos actions, grandes
ou petites. Les vrais dévots de Marie
le récitent toutes les fois que l'hor-
loge sonne et lorsqu'ils s'éveillent
dans la nuit. Le bienheureux Alain
de la Roche dit que cette pieuse
pratique est pour ceux qui l'observent exactement un signe consolant
de prédestination.

PRIÈRE.

O Vierge sainte, secours des chrétiens, venez à mon aide au milieu des misères dont je suis environné ; voyez les assauts que me livrent mes passions et ma lâcheté à leur résister ; voyez l'audace et le nombre des ennemis qui s'acharnent à ma perte et mon peu de courage pour les combattre ; voyez combien de devoirs j'ai à remplir, de vertus à pratiquer, et combien je néglige les uns et les autres. Puisque vous êtes notre secours et notre appui, ô Vierge sainte, obtenez-moi cette grâce puissante qui m'assurera la victoire contre tous mes ennemis et me fera triompher de tous les obstacles à mon salut. Ainsi soit-il. *Ave, Maria.*

CHAPITRE SIXIÈME.

—

VIe MOTIF.

Marie est la santé des infirmes
(salus infirmorum).

Depuis que l'homme est devenu prévaricateur, la maladie et les souffrances se sont répandues sur la terre, et sont devenues l'un des châtiments infligés aux enfants d'un père coupable. Depuis lors, il n'est personne qui ne soit sujet à la douleur et qui n'ait plus ou moins de part à l'anathème porté contre les malheureux fils d'Adam. Les maladies de tous genres ont fait irruption sur l'espèce humaine et exercent leurs ravages tantôt d'une manière, tantôt de l'autre. Ici c'est la fièvre avec ses ardeurs brûlantes, là le rhumatisme avec ses cruelles douleurs ; ici la colique, là la gravelle, souvent même des maladies dont les caractères échappent aux investigations de la médecine et se montrent rebelles à tous les remèdes. Or, dans ces fâcheuses circonstances qui accablent les hommes, combien n'est-il pas consolant pour ceux qui ont la foi de penser qu'ils ont dans le ciel une bonne et tendre Mère qui s'attendrit sensiblement à la vue de leurs maux, et qui a la puissance et la volonté, sinon de les guérir toujours, au moins d'en adoucir infailliblement l'amertume ? Par combien de guérisons miraculeuses, en effet, la sainte Vierge n'a-t-elle pas justifié le titre que lui a donné l'Église en l'appelant la Santé des malades : *Salus infirmorum ?* Il faudrait bien des volumes pour raconter tous les prodiges opérés jusqu'ici par son intercession en faveur des infirmes qui l'ont invoquée avec confiance ; et malgré les temps mauvais où nous sommes arrivés , malgré le ton raisonneur et dédaigneux de notre siècle qui semble reléguer l'existence des miracles dans la classe des choses ridicules et absurdes , on apprend cependant toujours quelques faveurs miraculeuses obtenues par l'invocation de Marie , lesquelles viennent édifier ses serviteurs par le récit qu'on leur en fait et ranimer la confiance en son puissant secours. Les guérisons surprenantes que nous allons citer ici prouvent toujours plus que c'est à bon droit que la Mère de Dieu est appelée l'espérance et le salut des malades , et qu'elle se plaît souvent à manifester son pouvoir en obtenant les grâces les plus précieuses à ceux qui souffrent et qui réclament son salutaire et puissant appui.

EXEMPLE.

Il n'est aucune des conditions de la société où l'on ne trouve des témoignages de vénération et de confiance donnés à la très-sainte Vierge. Dans celles même où les sentiments religieux semblent avoir moins de ferveur, on rencontre encore des marques de piété envers Marie. L'exemple suivant en est une nouvelle preuve à ajouter à tant d'autres.

Dans les guerres qui furent si fréquentes en Piémont dans les commencements du dix-septième siècle, l'armée du duc de Savoie, qui combattait du côté de Verceil, vint prendre ses quartiers d'hiver à Turin vers la mi-novembre. Un porte-enseigne du régiment de cavalerie que commandait le célèbre marquis de la Chambre, appelé Paul de Passy, d'une famille noble de Chambéry, arrivé à Turin, fut saisi tout-à-coup d'une ardente fièvre qui, faisant de grands ravages dans l'armée, avait déjà emporté un grand nombre de militaires de tous grades. Pendant deux jours surtout que notre officier souffrait le plus de cette fièvre brûlante, il ne songea qu'à recourir aux remèdes surnaturels, et, plaçant toute sa confiance dans celle qui est appelée si justement le Salut des malades, il fit le vœu, s'il guérissait de cette maladie, de se rendre en pélerinage au Charmaix pour remercier Dieu et sa très-sainte Mère de la santé qu'elle lui aurait obtenue. Le lendemain du jour où il fit ce vœu, il fut délivré de toute fièvre et rendu à une entière guérison. Ses amis, qui l'avaient vu la veille si agité et si malade, ne pouvaient revenir de leur étonnement en le voyant rendu si promptement à la santé. C'est vers le 25 novembre qu'il obtint de Marie cette faveur miraculeuse, et au printemps suivant il se rendit au Charmaix pour y accomplir son vœu. Ayant fait célébrer le saint sacrifice de la messe à cette chapelle, il y assista avec le plus grand recueillement, et avant de retourner dans ses foyers, il voulut laisser un témoignage public de sa reconnaissance envers la très-sainte Vierge pour la guérison qu'il en avait obtenue, en faisant la déclaration de cette grâce extraordinaire devant le notaire Audé, de Modane, et en présence de R. Frédéric Charpin, prédicateur de LL. AA. RR. les princes de Savoie, du sieur Urbain de Gallis, homme distingué de ce temps, et d'un grand nombre d'autres personnes.

(*Diva Virgo Charmensis*, pag. 95.)

AUTRES EXEMPLES.

Nous laisserons parler ici ceux-là même qui ont été l'objet d'une faveur spéciale de Marie. La simplicité de leur récit, jointe à l'onction pénétrante de leur foi, contribuera

plus à l'honneur de la sainte Vierge
que les plus longs discours. Voici
donc en quels termes nos deux malades, favorisés l'un après l'autre
d'une guérison extraordinaire par
l'invocation de Notre-Dame du Charmaix, ont fait leurs déclarations.

Première déclaration.

« L'an 1621, je, Jean Deville, no-
« taire ducal et commissaire d'ex-
« tente, à Quiége, au duché de
« Genevois, étant venu visiter la
« sainte chapelle du Charmaix pour
« avoir eu grâce de Notre-Dame
« que l'on surnomme du Char-
« maix, en la maladie que j'ai eue
« d'une périlleuse fluxion de sang,
« dès le quatrième jour du mois de
« juin dernier jusque presque à au-
« jourd'hui, je fus tellement débi-

« lité (affaibli) par la perte de ce
« sang que, réduit aux derniers
« abois, chacun de ceux qui me
« voyaient m'adjugeaient au trépas;
« mais ayant fait vœu de faire ce
« pélerinage, je fus entièrement
« consolé et du tout remis de ma
« maladie, car le sang cessa incon-
« tinent de couler davantage. Or,
« je crois fermement que sans ledit
« vœu et présente dévotion je ne
« serais plus en être (en vie). Ainsi,
« je l'atteste devant Dieu et sa
« sainte Mère pour avoir reçu la
« grâce que je demandais, en foi
« de quoi je me signe

« JEAN DEVILLE. »

Deuxième déclaration.

« Je, Antoine Maréchal, atteste
« comme j'ai été atteint d'une pleu-

« résie formée, suivie d'un mal de
« chaud, et puis d'une dyssenterie,
« sans aucun intervalle de l'un à
« l'autre, si que poursuivi de ces
« trois ennemis de ma vie, je res-
« tais comme mort au jugement de
« ceux qui m'obligeaient de veiller
« auprès de moi (comme l'on fait
« aux agonisants), qui sont les per-
« sonnes suivantes, à savoir : no-
« ble Louis Maréchal, mon frère,
« messire Urbain Lambert, damoi-
« selle Martin, damoiselle de Man-
« dole, maître Jacques Rochet, et
« autres que je supprime dans leurs
« petites conditions. Or, j'ai cette
« ferme assurance qu'il n'y a au-
« cune médecine ni remède humain
« qui m'ait pu relever de cette ex-
« trême maladie, au péril de la-
« quelle je fus abandonné des mé-

« decins, sinon le vœu que j'ai fait
« à la glorieuse Vierge Notre-Dame
« du Charmaix, lequel j'ai exécuté
« soudain après que j'ai pu me por-
« ter sur ledit lieu, où j'ai eu le
« bonheur de recevoir mon Créa-
« teur, et à mon retour je me suis
« trouvé fort de jambes et bien de
« mon corps, à l'égal de ce que
« j'étais sortant de Cuines.

« Le 1 novembre 1629.

« Signé : ANTOINE MARÉCHAL. »

(*Merveilles du Charmaix,* par le
P. d'Orly.)

PRATIQUE.

Pour plaire à Marie, faisons de
temps à autre, en son honneur,
quelques œuvres de miséricorde,
comme d'assister et de visiter les
malades, d'instruire les ignorants,

de prier pour les pécheurs, d'appliquer quelques communions au soulagement des âmes du purgatoire qui ont été plus dévotes à cette bonne et tendre Mère ; c'était la pratique d'un religieux distingué qui avoua, au moment de la mort, qu'il n'avait jamais demandé une grâce à Marie sans l'avoir obtenue.

PRIÈRE.

O Vierge sainte, qui vous montrez toujours si sensible aux maux de vos enfants, et qui pouvez si facilement les guérir, voyez les misères dont je suis environné, les infirmités de tous genres qui accablent mon âme, et à la vue des dangers qui menacent de causer ma perte éternelle, prêtez-moi un appui favorable, aidez-moi à vaincre mes passions, à triompher de mes mauvaises habitudes, à éviter le péché et à me tenir constamment uni à Dieu par la grâce. Obtenez-moi aussi cette santé du corps que vous savez m'être nécessaire pour faire le bien et remplir fidèlement tous mes devoirs, afin que, jouissant à la fois de la paix de l'âme et de la santé du corps, je puisse travailler toujours plus efficacement à procurer la gloire de Dieu et la vôtre. Ainsi soit-il.

Ave, Maria.

CHAPITRE SEPTIÈME.

—

VIIe MOTIF.

Marie est notre mère. (*Ecce mater tua.*)
(Saint Jean, 19.)

Parmi les titres qui sont les plus propres à faire impression sur le cœur des hommes, celui de mère est sans doute au premier rang. En effet, qui a jamais pu comprendre tout ce qu'il y a de tendresse au fond du cœur d'une mère? Qui a jamais pu mesurer toute l'étendue et la chaleur de ses affections pour ses enfants? Qui dit mère, dit la personne du monde qui vous porte l'amour le plus tendre et le plus dévoué, qui montre une sensibilité

inexprimable à la vue de vos souffrances, et qui n'épargne ni sacrifices ni repos pour vous soulager.
Voilà à quels traits on reconnaît une
véritable mère. Or, si nos mères
selon la chair sont douées de qualités si touchantes et si propres à
leur attirer tout notre amour, toute
notre reconnaissance, quels de-
vront être nos sentiments pour Marie, la mère de Dieu, qui veut bien
consentir aussi à être la nôtre? Oui,
elle est aussi notre mère, car les
saints nous disent que lorsque
notre divin Sauveur, étant sur le
point d'expirer sur la croix, assi-
gna pour mère au disciple bien-
aimé sa propre Mère, il lui donna
en même temps, dans sa personne,
tous les hommes pour ses enfants.
Dès ce moment elle nous adopta

comme tels ; et , se revêtant à notre égard des entrailles de mère , elle nous voua une tendresse et une affection inexprimables. Aussi l'Église , pour exciter plus sûrement sa commisération sur nos besoins , lui dit dans ses prières de se souvenir de la qualité qu'elle a bien voulu prendre vis-à-vis de nous et de montrer qu'elle est notre mère : *Monstra te esse matrem.* De tous les titres qui la recommandent à nos yeux et qui doivent nous la rendre si chère , aucun sans doute n'est plus propre que celui-là à faire naître en nous la plus grande confiance.

Dans le monde , si l'on a des chagrins et des peines , et que l'on soit en proie à quelque grave sujet d'affliction , n'est-ce pas dans le sein d'une mère qu'on aime à les aller répandre? Si l'on est saisi de quelques-unes de ces déceptions qui arrivent si souvent dans la vie et qui vous plongent dans une amère douleur, n'est-ce pas auprès d'une mère qu'on se plaît à aller puiser un peu de consolation? Un jeune enfant même qui aperçoit autour de lui des sujets de crainte ne court-il pas se jeter dans les bras de sa mère pour y trouver du secours et un appui? Faisons donc de même dans tous nos besoins. Recourons à Marie notre mère avec une simplicité d'enfant, et plaçant en elle toute notre confiance, soyons assurés que comme une bonne mère ne sait rien refuser des justes demandes que lui adressent des enfants tendrement aimés, elle ne

saurait non plus manquer d'accueil-
lir favorablement nos prières et de
nous obtenir toutes les grâces que
nous lui demanderons avec ces sentiments de piété filiale qui plaisent
tant à son cœur maternel.

EXEMPLE.

Le trait suivant, avant d'être publié par Bertrand, avait déjà été
inséré brièvement dans des annales
composées par le P. Jacques Gau-
thier, de la compagnie de Jésus.
Notre auteur l'ayant revêtu de
toutes ses circonstances, nous allons le donner ici après lui, dans
tous ses détails. Il le regarde comme
si extraordinaire et si vraiment miraculeux qu'il craint d'en affaiblir
le mérite par ses expressions, et il
conjure la glorieuse Mère de Dieu

de l'aider à raconter ce trait d'une manière propre à lui concilier toute croyance et à augmenter de plus en plus la confiance et la vénération envers cette si puissante protectrice.

Louis, fils de Mathieu Germain, du Thil, de l'âge de quinze ans, était marchand colporteur. Après avoir étalé pendant quelques jours sa petite quincaillerie à Saint-André et retiré quelque argent de ce qu'il avait vendu, il referme ses marchandises dans une caisse en bois, la charge sur ses épaules, et se met en route pour Modane. C'était à la fin de novembre 1606. Chemin faisant, il est rejoint par un tailleur de Saint-André appelé Aimon N.; qui feignait d'aller aussi à Modane, mais en réalité avec l'affreux projet de tuer ce jeune marchand et de s'approprier sa marchandise. Afin d'assurer l'impunité au crime qu'il méditait, il fallait le commettre loin de toute habitation. Il engagea donc le jeune colporteur à se rendre avec lui jusqu'au bord de la rivière d'Arc, où, disait-il, il avait placé, la nuit précédente, des nasses pour prendre des truites; ne doutant pas, ajoutait-il, qu'il n'y en eût un certain nombre d'arrêtées dans ses filets, il assurait qu'il les porterait le soir même à Modane où l'un et l'autre trouveraient matière à faire un bon repas. Le jeune marchand se laissa prendre au piége, et suivit sans défiance aucune le perfide Aimon N. jusqu'au bord de la rivière. Là, voyant qu'il ne pouvait être ni vu ni entendu de personne, le cruel assassin saisit le jeune Germain par la balle qu'il portait sur le dos, le jeta à la renverse, et s'armant d'un couteau qu'il avait sur lui, il s'efforça de le tuer. Après lui avoir porté plusieurs coups, il ne lui avait fait encore que deux blessures qui ne menaçaient pas sa vie parce que le jeune colporteur parait les coups de couteau avec ses mains, qui déjà étaient toutes ensanglantées. Aimon N., voyant qu'il ne pouvait venir à bout de lui arracher la vie par ce moyen, quitta son couteau, et prenant dans ses deux mains un gros caillou, il lui en asséna plusieurs coups sur la tête pour la lui briser. Après cette effroyable opération, n'apercevant plus aucun mouvement dans cet infortuné jeune homme, il le crut mort. Il se hâta alors de lui prendre l'argent

qu'il avait retiré de ses ventes pré-
cédentes et tout ce qu'il avait d'une
plus grande valeur parmi ses marchandises; ensuite, afin de dérober
son cadavre aux regards des hommes, il le cacha dans l'angle d'une
vieille masure qui se trouvait près de
là, et l'ayant couvert de pierres ra-
massées à la hâte, il se retira. La Pro-
vidence voulut que les pierres fus-
sent disposées de manière que la
tête du pauvre Germain ainsi que
son bras droit furent conservés li-
bres et hors de toute pression.

Dès le moment où il se vit à la
merci de son assassin, et que la fureur avec laquelle il cherchait à lui
arracher la vie ne lui laissait aucun
espoir de salut, il recommandait
son âme à Dieu et réclamait à grands
cris le secours de Notre-Dame du

Charmaix, et la conjurait de ne pas l'abandonner dans une si cruelle position. Il fit même le vœu, s'il échappait à ce grave danger, de l'aller visiter, non-seulement au sanctuaire du Charmaix, mais encore à celui de Lorette dont la célébrité était venue jusqu'à lui. Sa confiance envers Marie ne fut pas trompée, car lorsque son assassin l'eut enseveli demi-mort et couvert de blessures sous ce tas de pierres, il lui sembla, par un effet, sans doute, de l'intervention divine, entrer dans un doux sommeil. Il assura ensuite plusieurs fois à l'auteur qui nous a conservé ces détails qu'il n'avait souffert aucune douleur dans cet affreux état, si ce n'est une grande soif. Il y avait quatre jours qu'il gisait baigné de sang dans ce triste réduit, lorsque plusieurs personnes de Modane, se rendant à la paroisse de Saint-André pour y assister à la fête qu'on y célébrait en l'honneur de cet apôtre, entendirent des gémisseements qui semblaient partir des bords de la rivière. Les deux frères Clappier avec leur père Vincent, qui entendirent les premiers ces cris plaintifs, se rendirent vers l'endroit d'où ils leur paraissaient venir. Étienne, le plus courageux des trois, s'avança plus près de l'endroit où se trouvait le malheureux Germain. Son bonnet, qui paraissait au-dessus des pierres qui le couvraient, indiqua à Étienne le triste gîte d'où s'étaient échappés les gémissements qui s'étaient fait entendre. Aussitôt il se mit à l'œuvre pour écarter les pierres qui cachaient ce demi-mort, et quel fut son effroi lorsque après cette opération il ne trouva qu'une espèce de cadavre respirant à peine, dont les chairs livides, meurtries et pleines de contusions offraient un spectacle déchirant! Il ne se déconcerte point, et, fortifié par le sentiment de la bonne œuvre qu'il fait, il porte cet infortuné jusqu'à la route où l'attendaient son père et son frère. Là, pendant qu'ils délibéraient sur la manière de le porter au bourg voisin, vint à passer une partie de l'équipage de l'évêque de Maurienne, Philibert Milliet, qui, nommé depuis peu à l'archevêché de Turin, partait ce jour-là pour cette ville. Aidés des secours de ceux qui conduisaient l'équipage, les frères Clappier le placèrent sur un mulet de la suite

de l'évêque et le transportèrent ainsi
à Saint-André où ils le déposèrent
dans l'hôtel où devait loger l'illus-
tre prélat. On le mit dans un bon
lit, on lava ses plaies, on lui donna
un peu de nourriture convenable à
sa situation, et en peu d'heures il
reprit ses sens avec l'usage de la
parole. L'évêque étant arrivé avec
sa suite, et voyant un grand nombre de personnes réunies dans l'hôtel, s'informa de la cause et de
l'objet de cette réunion inaccoutu-
mée. A peine lui eut-on raconté le
fait tragique qui y donnait lieu qu'il
voulut aussitôt voir le malade, et
s'étant fait conduire à la chambre
qu'il occupait, il lui parla avec la
plus grande affabilité, le consola
dans ses souffrances et lui demanda
s'il connaissait son assassin. Le ma-

lade répondit qu'il savait qu'il était tailleur et de la paroisse de Saint-André, qu'il le reconnaîtrait en le voyant, mais qu'il ne savait ni son nom ni sa famille. Sur cette réponse, l'évêque se rendit à l'église pour y célébrer l'office en l'honneur du patron de ce bourg, et après l'office divin il invita tous les tailleurs de l'endroit à se rendre à son hôtel où il avait quelque chose à leur communiquer. Les ayant fait introduire successivement dans la chambre du malade, plusieurs avaient déjà passé et n'avaient pas été reconnus pour coupables, lorsque le tour d'Aimon N. arriva. Dès que notre Germain le vit entrer dans la chambre, il s'écria aussitôt : « Le voilà! le voilà! c'est celui-là! Voyez, d'ailleurs, comme il a déjà su se parer des aiguillettes qu'il m'a volées. » A cette exclamation, Aimon N. pâlit, trembla de tous ses membres, et, sans avoir été soumis aux épreuves de la question, il se déclara lui-même coupable de l'assassinat ; après quelques jours il subit la peine due à son forfait en expirant sur un gibet. Le généreux prélat, avant de continuer sa route, recommanda son malade au maître de l'hôtel, et pourvut d'avance à tout ce qui serait nécessaire pour le rendre à la santé. Germain, l'ayant recouvrée bientôt après, s'empressa d'en aller rendre hommage à Marie, à l'intercession de laquelle il ne doutait pas d'en être redevable, ainsi que de la conservation de sa vie en un si extrême danger, et pour donner hautement une preuve de sa conviction à ce sujet, il fit d'abord le pélerinage du Charmaix, et ensuite celui de Lorette en Italie, afin de témoigner toute sa reconnaissance et son amour à la généreuse libératrice qui l'avait soustrait à une mort si cruelle. Depuis lors, on l'a vu souvent retourner au Charmaix pour renouveler ses actions de grâces pour un tel bienfait, et on l'entendait publier partout la protection si vraiment surnaturelle dont il avait été l'objet.

(*Diva Virgo Charmensis*, pag. 75 et suiv.)

PRATIQUE.

Célébrez avec une dévotion particulière toutes les fêtes de la sainte Vierge. Approchez-vous en ces saints jours des sacrements de pénitence et d'eucharistie avec une ferveur toute nouvelle. Pratiquez quelque mortification la veille de ces fêtes, afin d'attirer plus sûrement sur vous les regards de Dieu et la faveur de Marie. Aimon de Gerbaix , évêque de Maurienne au quinzième siècle, jeûnait au pain et à l'eau, et ne prenait qu'une seule réfection dans le jour, la veille des quatre principales fêtes de la sainte Vierge que l'Église célèbre dans l'année.

PRIÈRE.

O Marie ! qu'il est consolant pour nous de pouvoir vous donner le doux nom de mère et de savoir que vous en avez réellement pour nous toute l'affection et la tendresse ! Aussi, c'est avec la plus grande confiance que nous aurons recours à vous en tous nos besoins. Soit que des accidents malheureux menacent l'existence si fragile de notre corps ou que des tentations séduisantes viennent saisir notre âme pour l'entraîner au mal, nous nous souviendrons au moment du danger que nous avons dans le ciel une mère aussi bonne que puissante qui prendra en pitié nos misères et qui s'empressera de nous secourir. Nous lèverons alors nos yeux vers vous, ô tendre Mère! nous vous ferons entendre la voix de nos soupirs, et sûrs d'être écoutés favorablement, nous attendrons avec une ferme confiance le secours et l'appui que vous ne refusez jamais à vos fidèles enfants. Ainsi soit-il.

Ave, Maria.

CHAPITRE HUITIÈME.

—

VIIIe MOTIF.

Marie est la mère de miséricorde
(*mater misericordiæ*).

Quand nous disons que Marie est notre mère, il semble qu'on ne puisse plus rien ajouter à ce beau titre et qu'il renferme à lui seul tout ce qu'on peut concevoir de plus consolant. Cependant nous paraissons dire quelque chose de plus lorsque nous affirmons qu'elle est non-seulement une mère pleine de bonté pour nous, mais qu'elle est encore une mère pleine de tendresse et de miséricorde. Ce n'est pas assez de nous aimer et de nous vouloir du bien , il faut encore compatir à nos maux , s'apitoyer sur nos misères et s'appliquer efficacement à les soulager. Or, voilà ce que fait la sainte Vierge, comme mère de la miséricorde. Si elle nous aperçoit dans l'état du péché, elle souffre sensiblement de nous voir les ennemis de son divin Fils , les esclaves du démon , et exposés à un enfer éternel. Oh ! qui pourrait dire alors quelle est sa sollicitude auprès de Dieu pour nous obtenir des grâces de conversion et nous faire rentrer dans la voie du salut ! Comme elle interpose alors sa médiation puissante auprès de J.-C. pour nous retirer du triste état du péché et nous assurer le bienfait de notre réconciliation avec lui ! Qui pourrait dire les prières ferventes qu'elle lui adresse alors pour nous, et par quels hommages elle s'efforce d'apaiser sa colère et de nous faire rendre sa bienveillance? Saint Thomas, le docteur angélique, dit que Jésus-Christ s'est réservé la justice, et qu'il a confié la miséricorde à sa très-sainte Mère. Aussi, à combien de pécheurs n'a-t-elle pas obtenu grâce et procuré ensuite l'entrée du royaume éternel? Combien de fois n'a-t-elle pas détourné de dessus nos têtes criminelles les fléaux de la justice de Dieu que nous n'avions que trop mérités, et, par un heureux échange, n'a-t-elle pas fait couler sur nous des trésors de miséricorde? Si Dieu, irrité à la vue de nos fautes, menace de nous punir, aussitôt cette incomparable mère lui montre le sein qui l'a porté, et le conjure, par le souvenir de tant d'amour renfermé dans l'incarnation, de faire grâce aux coupables. C'est donc à juste titre que l'Église l'a appelée la Mère de miséricorde : *Mater misericordiœ,* puisqu'elle en remplit si bien les fonctions à l'égard des pécheurs et de tous ceux qui réclament son indulgence.

EXEMPLE.

Le bourg d'Aussoix en Maurienne, situé dans un endroit très-élevé de la province, éprouva d'une manière particulière la protection de la Mère de Dieu. Le 4 février 1627, le feu prit vers les onze heures du soir à une maison située dans le centre du bourg. L'incendie, excité par le vent qui souffle constamment dans cette paroisse, eut bientôt atteint les maisons voisines et menaçait de consumer toute la bourgade. A cette vue, les habitants consternés, ne pouvant par aucun moyen arrêter les flammes dévorantes, prièrent leur curé, R. Pierre Albert, d'exposer le Saint-Sacrement. Le pasteur, effrayé d'un si grand désastre, se rendit aussitôt aux pieux désirs de ses paroissiens, dont un certain nombre, prosternés avec lui au pied des autels, priaient, gémissaient, se frappaient la poitrine et demandaient miséricorde; mais le ciel irrité ne semblait faire aucune attention à leurs supplications et laissait l'incendie étendre ses ravages. Cependant ces bons et religieux habitants ne perdirent point confiance, et voyant que dans ce péril extrême ils ne pouvaient recevoir du secours que de Dieu seul, le curé et les syndics, d'un commun accord, conjurèrent le Seigneur de leur accorder la grâce qu'ils demandaient par l'intercession de la très-sainte Vierge, promettant en même temps, s'ils obtenaient cette faveur, d'aller, avec toute la population, rendre grâces au Charmaix pour cet inestimable bienfait. Eh bien ! comme si le Seigneur eût voulu glorifier particulièrement sa très-sainte Mère et autoriser toujours plus son culte parmi les fidèles, à peine ce vœu fut-il exprimé que le vent diminua de violence, les flammes s'apaisèrent et l'incendie cessa aussitôt ses ravages. Les habitants d'Aussoix restèrent tellement persuadés que la cessation subite de cet incendie renfermait quelque chose de divin, que malgré la saison de l'hiver, malgré les neiges qui devaient encombrer les routes, malgré les désastres de l'incendie, ils se rendirent le lendemain même en procession au Charmaix, faisant retentir les airs des chants de leur reconnaissance pendant un trajet de plus de trois heures de chemin. Ils durent l'exprimer bien plus vivement encore après être arrivés dans ce sanctuaire d'où semblait être partie la grâce qui les avait délivrés d'un fléau qui menaçait à la fois leurs habitations et tous leurs moyens de subsistance.

AUTRE EXEMPLE.

Dans le même bourg d'Aussoix et la même année, un habitant de cette paroisse, nommé Jean Deschamps, obtint encore de la sainte Vierge une faveur très-spéciale. Il était attaqué d'une paralysie qui rendait tous ses membres sans mouvement, et qui lui faisait éprouver quelquefois des douleurs si cruélles qu'il en poussait des cris lamentables accompagnés de convulsions et de grincements de dents. Comme cet homme était très-religieux, il eut recours à la médiation si puissante de Marie pour obtenir au moins un adoucissement à ses douleurs. Il chargea cinq veuves pauvres d'aller pour lui au Charmaix solliciter sa guérison. Dès que ces femmes se furent mises en route, le chapelet à la main et priant avec ferveur, pour se rendre à ce sanctuaire, il se sentit merveilleusement soulagé. On aurait dit que ses douleurs se calmaient à mesure que ces femmes avançaient vers le terme du pélerinage. A leur retour, elles trouvèrent notre malade en pleine convalescence, heureux d'avoir mis sa confiance sous l'invocation de celle qui compatit à toutes nos misères et soulage toutes nos douleurs.

(*Merveilles du Charmaix*, pages 210 et suiv.)

PRATIQUE.

Au jour des fêtes de Marie, ajoutez à toutes les prières que vous avez coutume de lui adresser neuf *Ave, Maria,* afin d'honorer par cette divine Salutation les neuf mois pendant lesquels elle a porté J.-C. dans son chaste sein. Saint Louis de Gonzague ne manquait jamais à cette pratique, par laquelle on obtient la grâce de ne pas être ingrat aux faveurs de Dieu et aux marques signalées de la protection de Marie.

PRIÈRE.

Vierge sainte, qui êtes si bien appelée la Mère de miséricorde, prenez compassion de ma misère et de mon incroyable faiblesse. Voyez comme les ennemis de mon salut se déchaînent contre moi et méditent ma perte éternelle. Voyez comme le démon de l'orgueil me poursuit de ses vaines et frivoles suggestions, comme la colère me transporte et me pousse aux ressentiments et à la haine de mes frères ; voyez comme les feux de l'impureté assiégent mon âme et me font craindre les plus tristes chutes. Ne me laissez pas sans défense à la merci de si fougueux ennemis , mais obtenez-moi, ô Mère débonnaire ! d'éteindre tellement en moi les feux de la concupiscence en cette vie, que je puisse par ce moyen échapper plus sûrement à ceux de l'enfer en l'autre. Ainsi soit-il.

Ave , Maria.

CHAPITRE NEUVIÈME.

IXe MOTIF.

Marie est la consolatrice des affligés
(consolatrix afflictorum).

Dans cette vallée de larmes où nous gémissons, qui est-ce qui n'a pas quelque chose à souffrir, des tribulations de plus d'un genre à essuyer, des maux plus ou moins durs à supporter? A peine sommes-nous un peu avancés dans la carrière de la vie, que les déceptions, les chagrins, les ennuis nous assiégent de toutes parts, et nous font sentir impérieusement le besoin de trouver un peu de consolation dans nos peines. Or, où la trouverons-nous plus efficace cette consolation, si ce n'est dans le cœur si compatissant de la Mère de Dieu? Pour être sensible au malheur des autres il faut avoir souffert soi-même. Or, qui a enduré plus d'angoisses, été en butte à de plus cruelles amertumes que celle qui est appelée la Mère de douleurs? Aussi, quel empressement ne met-elle pas à consoler ceux qui sont dans la tribulation, elle qui sait combien il est dur de souffrir? Elle ne peut voir les maux qui nous environnent, les misères qui nous accablent, sans sentir ses entrailles s'émouvoir de compassion et éprouver un ardent désir de nous soulager. Comme elle dispose des grâces de son divin Fils, combien de pensées consolantes ne fait-elle pas descendre dans les âmes affligées qui l'invoquent avec confiance? Combien de plaies douloureuses du cœur n'a-t-elle pas fermées? Que de pleurs n'a-t-elle pas séchés? Combien de fois son nom seul n'a-t-il pas rappelé le calme et la sécurité dans les âmes, et mis en fuite les inspirations du désespoir? L'Église, qui sait tout ce que ses enfants peuvent attendre d'elle, la conjure, dans les prières qu'elle lui adresse, de venir au secours de ceux qui sont affligés et de tarir les larmes de ceux qui pleurent : *Refove flebiles ;* et comme elle a toujours exaucé ce vœu avec plus ou moins d'étendue, l'Église, par reconnaissance, l'a surnommée du nom si doux pour les malheureux de Consolatrice des affligés. Vous tous donc qui buvez au calice amer des tribulations, vous sur qui pèsent quelquefois de tout leur poids les misères de la vie, et qui mêlez si souvent au pain quotidien le pain de vos larmes, souvenez-vous de ce titre consolant donné à Marie, et croyez que si elle a des faveurs pour tous ceux qui l'invoquent, elle en a de spéciales et de privilégiées pour ceux qui sont dans l'affliction, et qu'elle n'a rien tant à cœur que de faire couler dans leurs âmes un baume salutaire qui dissipe

les noirs chagrins, calme les douleurs et dispose à une ineffable résignation.

EXEMPLE.

André Verdan, de Saint-Julien
en Maurienne, avait une fille appelée Gasparde, laquelle fut atteinte
d'une maladie si extraordinaire que
les médecins ne savaient comment
la définir ni quels remèdes lui appliquer. Une paralysie universelle
engourdissait tous ses membres et
lui avait fait perdre l'usage de la
parole et même le sentiment. Verdan, extrêmement affligé de voir sa
fille réduite à un tel état et sans
secours du côté des hommes, recourut à Notre-Dame du Charmaix, et
fit vœu de se rendre à sa chapelle
pour y solliciter sa guérison. Il s'y

rendit en effet, accompagné de sa fille malade et du reste de sa famille, le jour même où l'Église célèbre la Nativité de la sainte Vierge. Dès qu'ils se furent mis en prières pour obtenir la faveur qu'ils désiraient, la malade commença à pouvoir tenir la chandelle de l'offrande dans ses mains ; de retour à Modane, elle put partager le repas frugal de sa famille, et dans huit jours elle recouvra la parole, le mouvement, l'usage de toutes ses facultés, et fut rendue à une santé parfaite. Le père Verdan était tellement convaincu que la guérison de sa fille était l'effet de la protection spéciale de la sainte Vierge, qu'il voulut, dans sa reconnaissance, en laisser à la postérité un témoignage public. Il se rendit, à cet effet, chez le notaire ducal, Dominique Favre, et là, en présence d'un autre notaire, Jean-Baptiste Col, et de deux témoins, Jean Julien et Antoine Vouthier, il déposa toutes les circonstances de la maladie et de la guérison de sa fille. Il regardait cette démarche non-seulement comme une expression de sa reconnaissance, mais encore comme un motif d'augmenter de plus en plus la vénération et la confiance envers la Mère de Dieu.

(*Merveilles du Charmaix,* par le R. P. d'Orly, pag. 157.)

PRATIQUE.

Ayez une dévotion particulière à l'immaculée conception de la Mère de Dieu ; faites-vous un plaisir de croire à ce premier mystère de sa vie. Invoquez-la sous le titre d'Immaculée principalement dans les tentations contre la vertu de pureté. Dites-lui alors avec autant de ferveur que de confiance : « Par votre immaculée conception , ô Vierge des vierges ! obtenez - moi la pureté de l'âme et du corps. » Cette courte invocation a été appelée miraculeuse à cause des nombreuses victoires qu'ont remportées contre le démon de l'impurcté ceux qui l'ont récitée avec foi au milieu des tentations.

PRIÈRE.

O Vierge sainte , dont l'âme a été transpercée d'un glaive de douleur, et qui avez été en proie aux tribulations les plus accablantes, jetez un regard de compassion sur les amertumes qui nous désolent si souvent dans la vie, prenez pitié de nos misères, et, remplissant auprès de nous l'office de consolatrice des affligés que vous reconnaît l'Église, obtenez-nous les grâces nécessaires pour supporter nos peines avec cette résignation vraiment chrétienne qui adoucira nos maux, calmera nos agitations et nous en procurera un jour une ineffable récompense. Ainsi soit-il.

Ave, Maria.

CHAPITRE DIXIÈME.

—

Xe MOTIF.

Marie est l'appui des faibles et la force des
pusillanimes (*juva pusillanimes*).

Parmi les membres de l'Église, il
y en a qui, comme des soldats courageux et bien exercés, combattent
vaillamment contre les tentations,
surmontent victorieusement les obstacles et marchent d'un pas ferme
dans la route du salut. Il y en a
d'autres qui, quoiqu'animés d'une
bonne volonté et pénétrés d'un vif
désir de leur salut, ne peuvent point
y travailler avec la même sécurité et
faire les mêmes progrès. L'indéci-

sion et les perplexités les assiégent, la moindre chute les déconcerte, une trop grande crainte les retient dans l'abattement et paralyse leur élan vers le bien. Leur entendement étant peu éclairé, ils sont craintifs, méticuleux, embarrassés devant la moindre difficulté; et comme cet état de peine et de dure anxiété est compris de peu de personnes, ils sont délaissés des uns et méprisés des autres. Dans cet état affligeant, où trouveront-ils un appui, si ce n'est dans l'inépuisable bonté de Marie, dont le cœur généreux, l'âme grande et noble ne dédaigne aucune sorte d'infortune, et se fait un plaisir de venir en aide à tous ceux qui souffrent, quelles que soient leurs infirmités? O vous tous donc qui portez si péniblement le joug du Seigneur, et pour qui la route du salut semble remplie de si douloureuses amertumes, voici celle qui comprend vos tristes souffrances, qui compatit à vos troubles intérieurs, et qui, comme une mère tendre environnant de plus de soins des enfants faibles et délicats, vous offre, dans son crédit tout-puissant auprès de Dieu et dans sa tendresse toute maternelle pour vous, le secours le plus efficace. Abandonnez-vous sans réserve au zèle qui l'anime pour votre salut, et reposez-vous doucement sur sa bienveillante protection. Si vous êtes faibles, elle vous soutiendra; si vous êtes craintifs et timides, elle vous rassurera; si vous craignez la justice de son divin Fils, elle vous obtiendra ses miséricordes. En un mot, vous trouverez en elle l'appui le plus salutaire et le plus constant, et un remède assuré contre vos craintes et vos désolantes perplexités.

EXEMPLE.

Pierre Maillet, marchand dauphinois, s'était transporté à une montagne au-dessus du Bourg-d'Oisans pour en faire descendre des pièces de bois pour la charpente. Il fit sur le penchant de cette montagne une chute si terrible qu'elle lui disloqua quelques membres, en rompit d'autres et lui froissa tellement tout le corps, que le triste état où il fut réduit excitait la pitié de tous ceux qui le voyaient. Ayant été transporté chez un nommé Pierre Gerot pour y recevoir les secours dont il avait besoin dans sa déplorable situation, il reçut en cette maison la visite du R. P. Vincent Clapier, de Maurienne, de l'ordre des récollets, qui, voyant son état désespéré, l'engagea à recourir à la protection puissante de Marie pour obtenir un soulagement à ses douleurs. Notre malade accueillit avec empressement cette proposition, et fit vœu, s'il recouvrait la santé, d'aller en personne remercier la sainte Vierge de cette faveur à son sanctuaire du Charmaix. Dès qu'il eut prononcé ce vœu avec une vive foi, ses souffrances diminuèrent tellement qu'en fort peu de jours il fut en pleine convalescence et en état de se rendre au Charmaix pour rendre grâces à Dieu et à Marie d'une si prompte guérison. Il y fut accompagné de huit personnes de son pays qui, ayant été les témoins du triste état où l'avait mis sa chute, et de la guérison inopinée qui s'en était suivie, avaient voulu se joindre à lui afin de l'aider à exprimer toute sa reconnaissance pour un tel bienfait. Après avoir reçu les sacrements de pénitence et d'eucharistie avec la plus grande ferveur, et affirmé avec serment la vérité de la faveur merveilleuse dont il venait d'être l'objet, il se consacra pour le reste de sa vie au service particulier de la Mère de Dieu, dont il éprouvait d'une manière si efficace le grand crédit auprès de son divin Fils.

(*Merveilles du Charmaix*, par le R. P. d'Orly, page 294.)

PRATIQUE.

Souvenez-vous que la vraie dévotion à Marie consiste surtout à imiter ses vertus. Cette manière de l'honorer n'est jamais sujette à l'illusion. En la prenant pour modèle, vous plairez à Dieu et vous vous la rendrez elle-même de plus en plus favorable. Étudiez avant tout son admirable humilité. Renoncez, pour lui plaire, aux inspirations de l'orgueil, aux retours de l'amour-propre, aux jouissances de la vanité, et veillez tellement sur vos paroles que vous n'en disiez jamais pour vous louer et vous attirer l'estime des hommes.

PRIÈRE.

O Marie , qui connaissez si bien tous les dangers qui nous environnent et les efforts qu'il nous faut faire pour surmonter les tentations, vous qui désirez si ardemment de nous voir victorieux des nombreux ennemis qui nous attaquent sans cesse dans la route du salut , obtenez-nous de J.-C., votre divin Fils, quelques-unes de ces grâces puissantes qui nous fortifient dans nos combats , qui nous assurent la victoire sur nos passions, et qui, nous faisant marcher dans la pratique des vertus chrétiennes, nous obtiendront d'avoir un jour quelque part à cette couronne de gloire promise à ceux qui auront fidèlement combattu. Ainsi soit-il. *Ave, Maria.*

CHAPITRE ONZIÈME.

—

XIe MOTIF.

Marie est la mère de la grâce
(*Maria, mater gratiæ*).

Marie, sans doute, n'est pas l'auteur de la grâce et ne la produit pas immédiatement dans nosâmes : c'est là le privilége de Dieu seul ; mais quand nous l'appelons avec l'Église la Mère de la grâce, nous voulons dire, ainsi que l'enseignent les saints, qu'elle en a été établie la dispensatrice et qu'elle la répand sur nous avec une grande libéralité. Saint Bernard soutient que toutes les grâces que nous recevons passent par les mains de Marie. Saint

Ildefonse était du même avis, et saint Germain, allant plus loin encore, adresse à la sainte Vierge cette admirable louange : « O Marie! personne ne reçoit de dons célestes que par vous, personne ne se sauvera que par vous. *Nemo salvus fiet nisi per te, nemo donum Dei suscipit nisi per te.* » *(Serm. de zonâ Virg.)* Non-seulement la sainte Vierge nous obtient beaucoup de grâces, mais elle met à nous secourir dans tous nos besoins le zèle le plus dévoué et la promptitude la plus active. Pour obtenir quelques faveurs des grands de la terre, que d'humiliations ne faut-il pas subir? que de protecteurs ne faut-il pas employer? que de requêtes ne faut-il pas présenter? combien de temps ne faut-il pas en attendre le résultat? et combien de fois même n'arrive-t-il pas qu'au bout de tant de sollicitations et de peines, on n'éprouve encore que des refus accablants ? Avec Marie, tout le contraire a lieu. En s'adressant à elle, on est sûr de lui faire plaisir. On n'a besoin, pour réclamer son secours, ni de médiateur ni de placet. L'accès auprès d'elle est ouvert à tous. Elle écoute avec une égale bonté le noble et le roturier, le riche et le pauvre, le juste et le pécheur, l'ignorant et le savant, l'affligé, le faible, le malade, tous ceux, en un mot, que l'infortune accable de ses rigueurs. En tout temps, à chaque instant, elle donne audience à tous, elle prête à tous une oreille favorable, elle obtient à tous des grâces plus ou moins précieuses, elle les verse pour ainsi dire à pleines mains sur ceux qui l'invoquent. Un soupir accompagné de confiance, un regard affectueux vers une de ses images, une parole, une invocation pieuse, en voilà assez pour qu'elle offre à ses serviteurs une part plus ou moins grande aux trésors de grâces dont elle dispose. Vous la trouverez toujours prête à secourir, disait d'elle Richard de Saint-Laurent : *Invenies semper paratam auxiliari.* Brûlant du désir de faire du bien à tous, Marie n'est jamais fatiguée de nos incessantes prières, jamais découragée à la vue de nos nombreuses misères. Elle ne peut retenir le torrent de ses bienfaits ; c'est un besoin pour son cœur tendre et maternel de les répandre sur nous. Aussi saint Bernard veut-il que celui-là ne célèbre plus sa miséricorde, qui, l'ayant invoquée dans ses nécessités, se souvient de n'en avoir pas été secouru; et le pieux et savant Blosius s'écrie que le ciel et la terre périront avant que Marie refuse de protéger celui qui l'invoque avec confiance et met en elle son appui.

EXEMPLE.

Jean-Michel Merle, bourgeois de la ville de Suze en Piémont, avait un fils qui était en proie à une infirmité dont la vue seule excitait la compassion et la pitié de tous ceux qui le voyaient; son ventre était tellement dérangé qu'il sortait considérablement de son siége naturel, et occasionnait à cet enfant d'incroyables souffrances. Le père, plus touché que personne du déplorable état où il voyait ce cher fils, et instruit par la renommée des grâces merveilleuses qu'on obtenait au Charmaix, résolut de recourir aussi à celle qui signalait son pouvoir d'une manière si particulière dans ce sanctuaire, pour lui demander la guérison de son enfant. Ayant obtenu qu'on y célébrât le saint sacrifice à son intention un jour déterminé, il unit en même temps ses plus ardentes prières à celles du prêtre qui sacrifiait pour lui au Charmaix, et pendant qu'il y recommandait son fils aux miséricordes de Dieu et à la puissante protection de Marie, le malade s'aperçut d'un mouvement inaccoutumé dans ses entrailles, accompagné d'un grand bruit, et depuis ce moment il fut tellement remis de cette désolante infirmité qu'il n'en ressentit plus aucune atteinte. Le père, plein de joie de voir sa confiance envers la sainte Vierge si bien récompensée, voulut se transporter quelque temps après au Charmaix, soit pour exprimer à cette mère de grâce sa reconnaissance pour la faveur qu'elle lui avait obtenue, soit aussi pour déclarer publiquement le fait si merveilleux de la guérison de son fils. Sa déclaration fut reçue par le recteur d'alors, en présence de R. Rastelli, chanoine régulier de Notre-Dame-la-Grande de Suze, du sieur Jean André, capitaine de la même ville, et de plusieurs autres personnes, qui toutes restèrent très-édifiées d'apprendre ce nouveau trait de la bonté compatissante de Marie envers ceux qui souffrent.

(*Merveilles du Charmaix*, p. 206.)

PRATIQUE.

Honorez d'une manière particulière la sainte Vierge le samedi de chaque semaine, qui lui est spécialement consacré. C'était la coutume de saint Louis, roi de France, qui lavait ce jour-là les pieds aux pauvres, afin d'honorer Marie. A son exemple, pratiquons en ce jour quelque œuvre de charité ou de miséricorde, donnons une aumône, visitons un malade, instruisons un ignorant, rendons quelque service dans des vues de charité.

PRIÈRE.

O Marie! qui, en mettant au jour l'auteur de la grâce, avez donné la vie au monde, et qui vous plaisez à faire couler chaque jour sur nous ses plus précieuses faveurs, conti-nuez, nous vous en conjurons, ô toute bonne et puissante Mère! à nous protéger comme des enfants chéris, à nous obtenir ces grâces de choix qui contribuent si puissamment à notre salut, et surtout celle d'imiter vos admirables vertus, afin que, marchant ici-bas fidèle-ment sur vos traces, nous méritions de partager un jour votre glorieuse félicité dans le ciel. Ainsi soit-il.

Ave, Maria.

CHAPITRE DOUZIÈME.

—

XII° MOTIF.

Marie est l'étoile de la mer et le secours dans les naufrages (*maris stella*).

Qu'il est consolant de penser qu'il n'y a pas un danger humain dont la sainte Vierge ne puisse et ne veuille nous délivrer si nous l'invoquons avec confiance! Parmi les périls qui peuvent menacer la vie des hommes, il n'en est peut-être pas de comparable à ceux que courent si souvent ceux qui fréquentent les mers. Embarqués sur le vaste Océan, il n'y a entre eux et ses immenses abîmes que l'épaisseur d'une planche. Lors-

que la tempête soulève de noirs
nuages, que le tonnerre gronde
avec fracas, que les vagues s'élè-
vent comme des montagnes, que
le vaisseau, battu par les vents, est
sur le point d'être enseveli sous les
flots, lorsque la nature entière semble conjurée contre quelques hommes renfermés dans des planches
au milieu de l'immensité des eaux,
et que tout ce qui vous entoure vous
remplit de terreur et d'effroi, qu'il
est doux dans ces moments extrêmes de trouver un refuge et de pouvoir invoquer avec consolation celle
à qui Dieu a donné d'exercer un si
grand empire sur les éléments, d'a-
paiser les orages, de rompre les efforts de la tempête et de ramener à
son gré le calme et la sérénité !
Qu'ils sont nombreux dans l'Église

les témoignages de ceux qui ont éprouvé miraculeusement le secours de cette Vierge puissante dans les naufrages ! De là tant d'oratoires, tant de chapelles où elle est invoquée pour obtenir une heureuse navigation ; de là tant d'*ex voto* suspendus aux murs de ses sanctuaires comme des monuments de la reconnaissance des fidèles échappés par sa protection au danger des mers et des fleuves, et à l'impétuosité des torrents. Les histoires sont pleines de faits miraculeux , de délivrances inespérées obtenues par cette étoile de la mer, et qui attestent hautement le pouvoir qu'elle a reçu de commander aux orages et d'arracher à la fureur des flots ceux qui semblaient condamnés à périr misérablement dans leur sein.

EXEMPLE.

Un aubergiste de Saint-Michel, appelé Henri Seitier, possédait un petit pré au-delà de l'Arc. Au mois de juillet 1613, il se rendait à ce pré, accompagné d'un domestique appelé Laurent Richard. Il n'y avait pour passer l'Arc que quelques poutres mal unies entre elles, lesquelles servaient de pont vers un endroit connu sous le nom de *Bettonet*. Il avait plu ce jour-là, et l'humidité qui avait imprégné les poutres du pont les rendait très-glissantes. Henri Seitier s'avance sur ces poutres ainsi disposées, et à peine est-il arrivé au milieu du pont qu'il se laisse tomber dans la rivière dont les eaux étaient très-élevées en cette saison. Emporté par le courant rapide, il disparut entièrement sous les vagues, et dut perdre en même temps tout espoir de salut du côté des hommes ; aussi implora-t-il aussitôt intérieurement le secours de la sainte Vierge, mettant en elle toute sa confiance. Le domestique, voyant son maître en un péril si imminent, et ne pouvant lui porter aucun secours à cause de l'impétuosité de la rivière et des abondantes eaux qu'elle roulait avec un grand bruit, recourut aussi à Notre-Dame du Charmaix, et, s'étant mis à genoux sur le rivage, les mains élevées vers le ciel, il s'écriait avec une foi vive : « O sainte Dame du Charmaix ! sauvez, sauvez mon maître ; ô Vierge des vierges, tirez-le du danger, rendez-le à mes vœux ; ô très-douce Mère de Dieu, exaucez ma prière. » A peine a-t-il achevé sa pieuse invocation qu'il aperçoit à deux cents pas de là son maître commencer à sortir la tête hors de l'eau, puis le bras, et gagner peu à peu le rivage. Il se précipite au-devant de lui et arrive assez à temps pour le tirer entièrement hors de la rivière, lui donner les premiers soins et le ramener au sein de sa famille. Après avoir pendant deux jours réparé ses forces et s'être un peu remis des suites de cet accident, Henri Seitier, accompagné de son fidèle et religieux domestique, se mit en route pour le Charmaix afin d'aller rendre grâces à Dieu de l'inappréciable bienfait qu'il venait d'obtenir par la protection de Marie. Arrivé dans ce sanctuaire, il y pria avec toute la ferveur possible, et voulut

en outre y laisser un monument public et durable de sa reconnaissance.
Il fit donc faire, à cette fin, un tableau qui représentait la délivrance
miraculeuse dont il avait été l'objet, et fit mettre au bas une inscrip-
tion en vers français dans laquelle
il témoignait être redevable, en cette
circonstance, de la vie à la très-puis-
sante protection de la Mère de Dieu.
(*Diva Virgo Charmensis*, page 87.)

PRATIQUE.

Pour nous souvenir plus sûrement
de recourir à la sainte Vierge dans
tous les dangers, soit de l'âme, soit
du corps, rendons-nous, pour ainsi
dire, familier son souvenir en l'in-
voquant souvent dans la journée. A
défaut de prières particulières, il
suffit pour cela de réciter un *Ave*,

Maria. C'est la prière qui l'honore le plus et qu'elle entend avec le plus de plaisir. Récitez-le aussi toutes les fois que vous vous réveillez pendant la nuit. C'était la pratique de sainte Mathilde, qui n'y manqua jamais. Un bon prêtre qui conseillait la même chose à ses pénitents assure que ceux qui y étaient fidèles en retiraient de grands fruits de piété.

PRIÈRE.

O Vierge sainte, qui êtes maintenant au port du salut et qui jouissez dans le ciel de tant de puissance, jetez un regard bienveillant de protection sur vos enfants qui naviguent avec tant de peines et de dangers sur la mer orageuse de ce monde ; voyez comme les vents tu-

multueux de leurs passions les attaquent de toutes parts et les menacent
d'un triste naufrage ; vous qui êtes
l'étoile de la mer, employez votre
crédit si puissant auprès de Dieu à
nous obtenir les grâces nécessaires
pour résister victorieusement aux
flots soulevés de l'orgueil, aux vents
impétueux de la cupidité, aux orages de la colère, aux soulèvements
du vice impur, afin que, dérobés aux
dangers de cette mer du monde
si féconde en naufrages, nous puis-
sions arriver heureusement un jour
au port du salut, qui est l'objet de
toutes nos espérances. Ainsi soit-il.

Ave, Maria.

CHAPITRE TREIZIÈME.

—

XIIIe MOTIF.

Marie est la tour de David (*turris Davidica*).

Pour exprimer combien la sainte Vierge est puissante contre les ennemis de notre salut, l'Église la compare à une tour inexpugnable qui résiste à tous les assauts. C'est surtout contre nos ennemis invisibles qu'elle aime à faire sentir son pouvoir et qu'elle se plaît à nous servir comme de bouclier pour nous protéger et nous défendre. L'Esprit saint a dit, par la bouche de Job, que la vie de l'homme sur cette terre est un combat continuel. Il faut toujours avoir les armes à la main pour repousser les attaques incessantes du démon et lutter contre les aiguillons de notre chair, qui se met d'intelligence avec lui pour nous perdre. Nos ennemis sont nombreux, puissants, aguerris et jaloux de notre bonheur. Il n'est rien qu'ils ne tentent pour nous faire tomber. Je sais bien que la grâce de Dieu est assez puissante pour nous faire résister à tous leurs efforts ; mais qui nous l'obtiendra cette grâce forte et continuelle qui doit nous rendre victorieux ? Indignes comme nous le sommes si souvent des faveurs de Dieu, qui les sollicitera pour nous avec un succès efficace, si ce n'est celle qui ne demande jamais en vain ? Aussi, c'est auprès de cette tour mystique

que les âmes qui combattent pour la pureté vont chercher un asile contre les assauts redoublés de l'esprit impur. Son nom seul, prononcé avec amour et confiance au fort de la tentation , rafraîchit le cœur, tempère l'ardeur des passions, et met en fuite le malin esprit. Combien d'âmes ont été victorieuses des séductions de la chair en recourant à Marie ! Il n'est point d'ennemis de notre salut sur lesquels elle ne puisse nous assurer la victoire. Si l'orgueil, l'ambition, la vaine gloire vous font pécher en bien des rencontres , si vous avez peine à résister à leurs inspirations qui caressent si doucement votre amour-propre, recourez à cette mère de toute humilité, et elle vous obtiendra ces vives lumières qui vous éclaireront sur la vani-

té de tout ce que le monde estime,
et vous disposeront peu à peu à ce
mépris de vous-même si nécessaire
pour attirer sur vous les regards de
Dieu. Si la colère vous transporte,
si une humeur chagrine vous fait
prendre en haine vos frères, et vous
porte à la médisance et aux railleries, recourez à celle que l'Église
appelle notre douceur : *dulcedo nostra*, et elle vous fera triompher de
cette funeste passion. Si la tristesse
vous accable de ses sombres va-
peurs, si le désespoir vous poursuit
de ses désolantes atteintes, s'il vous
semble que tout est perdu pour vous,
ah ! recourez vite à cette bonne et
tendre Mère ; souvenez-vous qu'elle
est le refuge des pécheurs, qu'ils
ne l'invoquèrent jamais en vain, et
que c'est une consolation pour son

cœur de demander et d'obtenir leur grâce. En un mot, quelles que soient vos passions et vos méchantes habitudes, quels que soient vos tentations et vos mauvais penchants, quelles que soient leur force et votre faiblesse, invoquez Marie, recourez à Marie qui, comme un boulevard redoutable, vous défendra contre la force et la ruse de vos plus furieux ennemis.

EXEMPLE.

Antoine Albrieux habitait à Saint-Jean-de-Maurienne le corps-de-logis appelé *les Trois-Rois*. Un de ses domestiques monta un jour sur le toit de la maison pour y faire quelques réparations. Comme il s'occupait à les faire, il laissa tomber imprudemment du haut du toit une pièce de bois qui vint frapper, dans sa chute, une jeune fille de cet Antoine Albrieux, de l'âge d'environ huit ans, laquelle demeura morte sur le coup. Les voisins, témoins de cet affreux accident, appelèrent en grande hâte la mère de la jeune fille qui, la voyant sans mouvement et sans vie, se livrait à toute la désolation que lui faisait éprouver son cœur de mère. Dans l'extrême affliction où elle se trouvait, elle se mit à invoquer à grands cris N.-D. du Charmaix, et à la conjurer de rendre la vie à sa fille. A peine avait-elle fini son invocation et sa prière, que la jeune fille commença à se mouvoir et à donner signe de vie. Bientôt après elle se mit à parler et à dire à sa mère : « Ne pleurez pas, et ne faites non plus aucune peine

au valet, auteur de cet accident. »
Car ce valet, voyant que la jeune
fille était restée sur le carreau,
avait pris la fuite pour se soustraire
aux poursuites de la justice et aux
reproches de ses maîtres. Dès-lors
sa fille fut si bien guérie de cet accident qu'il ne lui resta depuis aucune
trace d'un tel coup. C'est ce que la
mère Albrieux et la jeune fille déposèrent plus tard, sous la foi du serment, en présence de R. Benoît
Genin, recteur du Charmaix, d'un
sieur Joly, de Montmeillant, et de
dame Pernette Salomon.

(*Merveilles du Charmaix*, p. 154.)

PRATIQUE.

Imitez saint Bernard, ce grand
serviteur de la sainte Vierge, lequel
employait le nom de Marie comme

une défense contre tous ses ennemis visibles et invisibles. Imitez
encore saint Édouard, qui ne s'en-
dormait jamais sans avoir imprimé
avec le pouce sur son front les saints
noms de Jésus et de Marie.

PRIÈRE.

O Tour mystérieuse de David !
Vierge incomparable, qui n'avez jamais reçu aucune atteinte des traits
du péché, nous recourons à vous
comme à un refuge assuré contre
les assauts redoublés de nos ennemis qui s'acharnent à notre perte.
Soyez, après Dieu, notre force et
notre appui contre les tentations si
séduisantes dont notre vie est se-
mée et qui ne nous laissent aucun
repos. Obtenez-nous surtout, ô
Vierge sans tache ! de résister tou-

jours courageusement aux séductions perfides du vice impur, et à
toutes les occasions qui pourraient
nous y conduire, afin que nous ayons
le bonheur de plaire à vos yeux par
la pratique de la vertu de pureté
dont vous nous offrez un si beau
modèle. Ainsi soit-il.

Ave, Maria.

CHAPITRE QUATORZIÈME.

—

XIVe MOTIF.

Marie est notre vie et notre espérance
(vita et spes nostra).

Quand nous disons que Marie est
notre vie, nous voulons parler de
la vraie vie, de la vie de nos âmes,

et voici dans quel sens nous lui donnons cette consolante qualification.
C'est la grâce de Dieu qui est essen-
tiellement la vie de nos âmes. Or,
c'est Marie qui nous a donné l'auteur de la grâce par lequel seul nous
pouvons avoir la vie. C'est elle qui
nous obtient en outre, chaque jour,
une multitude de grâces par lesquelles nous conservons la vie de
nos âmes, et c'est ce qui fait que
l'Église lui applique avec raison ces
paroles de la Sagesse : « Celui qui
me trouve, trouvera la vie et pui-
sera le salut auprès du Seigneur :
Qui me invenerit inveniet vitam, etc. »
Saint Bonaventure, appliquant ce
passage à la très-sainte Vierge, dit
ces paroles remarquables : « Écou-
tez, vous qui désirez le royaume de
Dieu, honorez la Vierge Marie, et

vous aurez la vie et le salut éternel. »

S'il est vrai de dire, en ce sens, que la sainte Vierge est notre vie, on peut dire avec la même raison qu'elle est aussi notre espérance : non pas que nous attendions d'elle, comme cause première, les faveurs que nous désirons, mais comme celle qui nous les obtient efficacement par le grand crédit dont elle jouit auprès de Dieu, l'unique source de tous les biens ; et comme notre indignité nous empêche souvent de nous présenter devant Dieu et de solliciter avantageusement ses grâces, nous nous adressons alors à sa très-sainte Mère qui ne demande jamais en vain, et nous avons confiance que l'éclat de ses vertus, joint à sa sublime dignité de Mère de Dieu, lui ouvrira auprès de lui un accès facile qui lui permettra d'en tirer beaucoup de faveurs et de les répandre ensuite sur nous avec une généreuse libéralité. L'Église l'appelle encore Mère de la sainte espérance : *Mater sanctæ spei*, parce qu'elle contribue beaucoup à former cette vertu dans nos cœurs, à nous faire mépriser d'abord les vanités et les misérables jouissances de cette triste vie, et à porter ensuite nos pensées et nos désirs vers les biens éternels. Ainsi qu'une mère pleine de tendresse pour ses enfants, elle ne désire rien avec plus d'ardeur que de nous voir tous un jour partager son bonheur et être associés à sa gloire dans le ciel. Elle travaille à nous procurer cet avantage avec la plus vive et la plus constante sollicitude, par les secours de tous genres qu'elle nous obtient, et par les dispositions miséricordieuses qu'elle suggère à son divin Fils pour nous. Ce sont ces considérations bien méditées qui ont fait dire aux saints qu'elle était après Jésus toute notre espérance et notre unique espérance : *Unica spes mea Jesus et post Jesum Virgo Maria.*

EXEMPLE.

Au mois de juillet 1614, Henri Ducruez, d'Albiez-le-Jeune, s'en alla avec son fils Jean, de l'âge d'environ quinze ans, à la forêt de Montissot, dépendante de cette paroisse, pour y couper du bois à son usage. Après avoir fait choix d'un gros pin qu'à peine deux hommes pouvaient embrasser, il se met à l'abattre avec sa cognée. Soit que son fils l'aidât en cette opération, soit qu'il fût seulement spectateur du travail de son père, l'arbre, dans sa chute, renversa ce fils par terre, lui rompit une cuisse et lui fit éprouver dans l'intérieur une commotion si forte qu'il répandait à flots le sang par les narines, la bouche et les oreilles. Dans cette triste situation, on le transporta comme on put à la maison paternelle où, pendant l'espace de six jours, il ne voyait ni ne parlait aucunement. Il était d'ailleurs si faible qu'il ne pouvait prendre qu'un peu de lait pour toute nourriture, et ne paraissait laisser aucun espoir de rétablissement. Le père, vivement affligé d'être presque la cause du malheur de son fils par son imprudence, et désirant tenter un dernier moyen de lui faire

recouvrer la santé, forma la résolution et fit le vœu d'aller solliciter
cette grâce au Charmaix par la médiation toute puissante de Marie.
S'étant donc mis en route au bout
du sixième jour depuis l'accident
arrivé à son fils, il se rendit plein
de foi et de confiance à ce sanctuaire
vénéré. Là, après avoir fait célébrer
la sainte messe à son intention, et
adressé lui-même à Dieu les plus
ferventes prières, par l'entremise
de Marie, pour la guérison de son
fils, il reprit, non sans quelque
consolation, le chemin de sa paroisse. Mais quelle fut sa joie et son
agréable surprise en rentrant chez
lui de voir son fils, qu'il avait laissé
la veille dans un si triste état, en
pleine convalescence et marchant
vers une entière guérison ! Le père

et les voisins, témoins d'une faveur si surprenante, se plaisaient encore à la publier de plus en plus six ou sept ans après, au temps où notre auteur la consignait dans son recueil comme un nouveau témoignage de la toute puissante protection de la Mère de Dieu.

(*Diva Virgo Charmensis,* page 89.)

PRATIQUE.

Persévérez dans les pratiques que vous avez coutume d'observer en l'honneur de la sainte Vierge. C'est un des moyens les plus efficaces pour obtenir les grâces les plus signalées de sa bonté. Saint Thomas d'Aquin avait coutume, dans son jeune âge, de réciter journellement quelques prières à la sainte Vierge. Un jour il s'en dispensa, et puis les omit pendant quelques semaines ; enfin il y renonça. Il vit en songe Marie qui embrassait ses compagnons et lui dit : « Qu'espères-tu, toi qui as abandonné tes pratiques? » Thomas se réveilla tout effrayé et confus de ce reproche. Il reprit ses prières.

PRIÈRE.

Qu'il nous est doux, ô Marie! de vous saluer comme l'espérance et le salut des chrétiens! Après Jésus, vous êtes en effet tout notre espoir, et la confiance que nous avons en vous n'est surpassée que par celle que nous devons aux mérites infinis de Jésus-Christ votre Fils. Montrez donc toujours plus, par les grâces spéciales que vous nous obtiendrez, que nous avons raison de nous confier en vos bontés pour tous nos besoins temporels et spirituels, et que, comme une mère pleine de sollicitude pour ses enfants, vous ne manquez jamais de nous protéger et de nous venir en aide dans les circonstances les plus pénibles de la vie. Ainsi soit-il.

Ave, Maria.

CHAPITRE QUINZIÈME.

—

XVe MOTIF.

Marie est le refuge des pécheurs
(refugium peccatorum).

Si la sainte Vierge se laisse toucher si facilement à la vue de nos souffrances corporelles, si elle s'intéresse avec tant de bonté à nous en obtenir la guérison, avec combien plus d'ardeur, avec combien plus de sollicitude ne s'emploiera-t-elle pas à guérir nos âmes et à les retirer du triste état du péché? Autant l'âme l'emporte sur le corps, autant les intérêts éternels surpassent les vils intérêts de la terre, autant on peut dire que Marie travaille plus vivement à nous procurer les biens de l'âme et ceux de l'éternité. Souvenons-nous qu'elle a porté au plus haut point de perfection les vertus de son adorable Fils, et qu'elle s'est étudiée à conformer en tout sa conduite à celle de cet admirable modèle. Or, parmi les vertus que nous voyons, avec tant de consolation, former le caractère de notre bon Sauveur, nous distinguons particulièrement son affection marquée

pour les pécheurs et les témoignages si rassurants qu'il se plaisait à
leur en donner pendant sa vie mortelle. Nous ne saurions oublier, en
effet, avec quelle facilité il pardon-
na à la femme adultère, avec quelle
bonté touchante il accueillit la Madeleine, comment il traita Zachée
et l'enfant prodigue, combien il se
plaisait dans les réunions des pécheurs, et par quelles paroles consolantes il justifiait à cet égard sa
conduite si pleine de miséricorde.
Or, comment Marie pourrait-elle
oublier ces traits de l'ineffable bonté
de Jésus-Christ, son Fils, pour les
pécheurs, et refuser les témoignages
de son affection à ceux qui avaient
à un si haut point celle de cet adorable Maître ? Il est, au contraire,
tellement vrai qu'elle leur porte le

plus pressant intérêt, et désire leur salut avec la plus vive ardeur, que les saints, dans tous les siècles, ont été unanimes à nous apprendre cette admirable disposition de son cœur maternel pour eux. Ainsi, les uns, comme saint Augustin, l'ont appelée l'unique espérance des pécheurs : *unica spes peccatorum;* d'autres, comme saint Jean Damascène, l'espérance des désespérés : *spes desperatorum.* Ceux-ci, comme saint Ephrem, l'ont surnommée la protection de ceux qui sont sur le point de tomber dans l'abîme : *protectrix damnatorum;* ceux-là, comme saint Bernard, lui ont donné le titre d'échelle des pécheurs par laquelle ils quittent le péché et montent à l'état de grâce.

EXEMPLE.

Pierre Dufour, peintre, né à Saint-Michel en Maurienne, et demeurant à Annecy, quittait cette ville vers l'an 1629 pour se soustraire aux ravages d'une maladie contagieuse qui y régnait. Selon la coutume des pieux Maurianais de ce temps-là, il s'était mis sous la protection de la sainte Vierge avant d'entreprendre son voyage, afin d'être préservé de tout fâcheux accident pendant la route. Il était accompagné de sa femme, et comme ils arrivaient l'un et l'autre vers un endroit appelé *Lescheraine*, le domestique, qui portait un de leurs enfants en bas âge, le laissa tomber dans un précipice qui se trouvait au bord de la route. Les parents, s'apercevant que cet enfant roulait au fond de l'abîme, invoquèrent aussitôt avec une indicible ferveur Notre-Dame du Charmaix et la conjurèrent de protéger leur enfant. Ce ne fut pas en vain, car, s'attendant à le trouver mort ou tout au moins couvert de blessures et de sang, quel fut leur étonnement de le retrouver sans aucun mal, et ne paraissant pas même s'être réveillé de son sommeil, à travers tant de rudes secousses ! Aussi les parents, pleins de reconnaissance pour une si grande faveur, s'empressèrent-ils d'en aller rendre hommage à Marie, à son autel du Charmaix, et d'y assurer avec serment la vérité du fait que nous rapportons, en présence de dom Benoît Genin, recteur de cette chapelle, et des honorables

Jean Jourdain , Benoît Dufour et Dominique Nuer.

(*Merveilles du Charmaix*, pages 262 et suiv.)

PRATIQUE.

Beaucoup de saints et de saintes ont fait le vœu de chasteté afin de plaire à Marie par la pratique d'une vertu qui lui fut si chère. Si votre état ou vos dispositions ne vous permettent pas de les imiter en ce point, appliquez-vous du moins à concevoir une grande estime pour la vertu de pureté qu'on peut pratiquer dans tous les états, à la chérir de tout votre cœur et à ne rien faire qui puisse le moins du monde en ternir l'éclat. Veillez pour cela, avec le plus grand soin, sur vos yeux, vos oreilles, votre imagination et les affections de votre cœur, afin d'écarter tout ce qui pourrait porter atteinte à une vertu si délicate, et mettez toutes les résolutions que vous formerez à ce sujet sous la protection de Marie.

PRIÈRE.

Ce ne sont pas seulement les justes, ô Marie ! qui ont droit à vos faveurs. Ce qui nous rassure et nous console infiniment, c'est que les pécheurs eux-mêmes, et les plus grands pécheurs, ne sont point exclus de vos bontés. Vous daignez même, ô Vierge bienveillante, accepter le titre de Refuge des pécheurs que vous donne l'Église, afin de faire connaître que vous les aimez et que vous désirez ardemment leur conversion. Aussi, c'est en cette qualité de pécheur, et comme un des plus coupables, que je me jette à vos pieds, que je vous prie de me prendre en commisération et de solliciter auprès de Jésus-Christ, votre divin Fils, le pardon de mes nombreuses fautes, l'oubli de mes longues prévarications, une vraie et sincère pénitence qui, assurant ma réconciliation avec Dieu, m'obtiendra une part abondante à ses grâces en ce monde et à ses récompenses éternelles en l'autre. Ainsi soit-il.

Ave, Maria.

CHAPITRE SEIZIÈME.

—

XVIᵉ MOTIF.

Marie est la porte du ciel (*janua cœli*).

Quelle pensée consolante pour des cœurs vraiment chrétiens et dévoués à Marie, que celle que leur offre l'Église en l'appelant la Porte du ciel! Quel bonheur de savoir que c'est par elle que nous devrons passer pour arriver au royaume éternel! Comme elle est pour tous ceux qui la servent une bonne et tendre Mère, qu'elle est d'ailleurs pleine de miséricorde pour tous, combien n'est-il pas doux d'espérer que cette porte mystérieuse s'ouvrira un jour pour nous afin de nous rendre participants de la gloire des saints ! On dit que des assiégeants sont bien près d'entrer dans la place dès qu'ils ont pu, par leurs efforts, se rendre maîtres de la porte qui y conduit. Ainsi, les serviteurs de Marie, s'ils ont su captiver sa bienveillance, gagner son affection, mériter ses bonnes grâces par leur fidélité à lui plaire, n'ont-ils pas, par là même, une certaine assurance de n'être pas repoussés de la céleste Jérusalem, puisqu'ils se seraient concilié la faveur de celle qui en est l'heureuse entrée ! Le Seigneur, dit le prophète David, aime les portes de Sion plus que toutes les tentes de Jacob : *Diligit Dominus portas Sion super omnia tabernacula Jacob.* Or, la porte principale de Sion, c'est la

sainte Vierge. Dieu l'aime donc au-
delà de tout ce qu'on peut dire. Il
ne sait rien refuser à ses demandes. Il la voit avec plaisir disposer
en souveraine des faveurs qu'il re-
met entre ses mains. Puisque Marie
possède à ce point le cœur de Dieu,
que pourrait-il manquer à notre bonheur, si par nos hommages et notre
vénération nous sommes assez heureux pour gagner celui de sa très-
sainte Mère? En possédant le cœur
de Marie, n'aurons-nous pas par là
même celui de Dieu? Dès-lors que
pourrions-nous désirer de plus pour
légitimer notre confiance, puisqu'elle serait appuyée sur de si puissants motifs? Levons donc souvent
nos yeux vers cette porte mystique
toute rayonnante de l'éclat de la
majesté divine, livrons-nous avec

ardeur à la douce espérance de la voir un jour s'ouvrir pour nous et nous admettre enfin dans cette cité sainte dont il a été dit tant de merveilles : *Gloriosa dicta sunt de te, civitas Dei.* Ainsi que les infortunés captifs de Babylone, portons toutes nos pensées, nos affections, nos désirs vers la porte de cette nouvelle Jérusalem, dernier terme de nos plus chères espérances, et disons comme eux, à la vue des biens qui nous y attendent : O Porte sainte, qui conduisez à la demeure de Dieu, que ma langue s'attache à mon palais, qu'elle se refuse à toujours d'exprimer mes pensées, si jamais je vous oublie ! Oui, que ma main droite se sèche, qu'elle demeure à jamais sans mouvement, si vous n'êtes pas toujours, après Dieu, le plus cher objet de mes affections et le principe de toute ma joie ! *Oblivioni detur dextera mea si non proposuero Jerusalem in principio lœtitiœ meœ.*

EXEMPLE.

En 1629, François Mestrallet, de la paroisse de Sollières, avait une fille appelée Catherine, de l'âge d'environ six ans, à qui la petite-vérole venait d'enlever entièrement la vue. La cécité de cette enfant parut à son père et à sa mère tellement prononcée qu'ils avaient jugé inutile de recourir aux remèdes humains. Cependant, comme ils étaient l'un et l'autre extrêmement affligés du triste état où leur fille se trouverait réduite pour le reste de ses jours, ils résolurent, d'un commun accord, de s'adresser à Notre-Dame du Charmaix pour obtenir sa guérison. Pleins de confiance au tout-puissant crédit de Marie, ils se mirent à genoux, et s'obligèrent par vœu de conduire cette enfant à la chapelle du Charmaix, et là d'y conjurer avec instance le Seigneur de lui rendre la vue. A peine eurent-ils achevé d'exprimer ce vœu que la jeune fille commença à ouvrir légèrement les paupières, et ayant ensuite été conduite par ses parents au lieu du pélerinage, ses paupières se dilatant toujours plus, elle recouvra entièrement la vue devant l'autel de ce sanctuaire, pendant que son père et sa mère sollicitaient avec le plus d'ardeur le bienfait signalé de sa guérison. Ce fait surprenant fut consigné dans les registres de la chapelle par dom Benoît Genin, recteur du Charmaix, en présence de Jean-Baptiste Genin, son frère, et d'Adrien Roche.

(*Merveilles du Charmaix*, p. 254.)

PRATIQUE.

Parmi les diverses pratiques de dévotion qui servent beaucoup à honorer Marie, et qui plaisent spécialement à son cœur maternel, c'est de faire souvent mémoire des incroyables douleurs qu'elle dut endurer à l'occasion de la passion et de la mort de Jésus-Christ, son Fils. Il existe une association sous le nom de Notre-Dame-des-Sept-Douleurs. Ce serait une bonne œuvre de s'y agréger, et de choisir le vendredi de chaque semaine pour faire à ce sujet quelques considérations sur les opprobres et les souffrances de Jésus-Christ et les douleurs de sa très-sainte Mère.

PRIÈRE.

O Vierge sainte qui, en donnant Jésus-Christ au monde, nous avez ouvert la porte du ciel, et qui désirez avec une si vive ardeur de voir un jour tous vos enfants réunis avec vous dans ce séjour d'ineffables délices, obtenez-nous de mépriser tellement ce monde, ses jouissances, ses plaisirs, ses faux biens, que nous portions toutes nos pensées, toutes nos affections, tous nos désirs vers les biens célestes. Employez, nous vous en conjurons, tout votre crédit auprès de Dieu, toute votre sollicitude de mère à nous détacher efficacement de toute affection aux choses de ce monde , et répandez dans nos cœurs un si vif désir des biens éternels , une espérance si ferme de les posséder un jour, que, ne les perdant plus de vue à travers les vicissitudes et les agitations de la vie, nous fassions tout pour arriver à l'inestimable bonheur d'en jouir un jour avec vous dans l'éternité. Ainsi soit-il.

Ave, Maria.

NEUVAINE

EN L'HONNEUR

DE LA SAINTE VIERGE.

Il est certain qu'une neuvaine bien
faite n'est point sans mérite aux yeux de
Dieu, et que c'est là un moyen très-effi-
cace d'obtenir de sa miséricordieuse bonté
les grâces les plus spéciales de salut.
L'expérience qu'en ont faite les saints et
qu'en font encore tous les jours les âmes
ferventes, justifie suffisamment le mérite attaché à ce genre de bonnes œuvres.
Nous avons donc cru faire plaisir aux ser-

viteurs de Marie en leur offrant à la suite de ces motifs de confiance un modèle de neuvaine à faire pour honorer la sainte Vierge, soit pour se préparer à bien célébrer ses fêtes, soit pour solliciter pendant l'année quelque faveur spéciale par sa médiation.

En se pénétrant bien des considérations proposées pour chaque jour, on ne pourra s'empêcher de se sentir porté intérieurement à un vrai désir d'imiter les vertus de Marie, et, en lui adressant avec ferveur les prières qui les accompagnent, nous ne doutons nullement qu'on ne réussisse à plaire au cœur si aimant de cette bonne Mère, et à en obtenir les grâces qu'on aura sollicitées, surtout si on ajoute à ces dispositions celle d'une confiance entière en sa toute-puissante intercession. Et comme on ne peut rien faire de bien dans l'ordre surnaturel sans le secours de l'esprit de Dieu, il faudra, avant tout, invoquer chaque jour avec ferveur l'assistance de cet esprit de prière, afin qu'il nous aide, par les bons sentiments qu'il nous inspirera, à faire cette neuvaine d'une manière qui la rende vraiment utile aux besoins de notre âme. Après nous être excités chaque jour à un vif désir d'imiter les vertus de Marie afin de nous rendre par là agréables à ses yeux, lisons attentivement les considérations proposées pour chaque jour de la neuvaine, lesquelles nous rappellent si bien ses éminentes vertus.

Quoiqu'on ait mis à la suite de chaque méditation plusieurs pratiques ou résolutions, il conviendra cependant de ne s'attacher qu'à une ou deux, afin de ne pas embarrasser son esprit de trop de choses à la fois. On devra toujours choisir celle qui a le plus de rapport avec les besoins actuels de notre âme, et, après s'être bien pénétré de sa nécessité, s'appliquer dans la journée même à la faire passer par des actes dans le détail de notre conduite. Avant de réciter la prière qui accompagne chaque considération, il sera à propos de réfléchir un moment sur les divers motifs de confiance que nous devons avoir en Marie, et nous exciter ensuite le plus que nous pourrons à cette disposition qui plaît tant à son cœur, et qui lui arrachera pour ainsi dire les grâces que nous lui demanderons.

PREMIER JOUR
DE LA NEUVAINE.

—

Humilité de Marie.

L'humilité est une vertu qui nous apprend à nous connaître et nous fait concevoir ensuite un saint mépris de nous-mêmes à la vue de notre néant et de notre impuissance à tout bien. Malgré les augustes prérogatives dont le Seigneur avait enrichi Marie, malgré le rang sublime de Mère de Dieu auquel il l'avait élevée, elle a porté cette vertu au plus haut degré de perfection, soit en cachant aux hommes les faveurs inestimables qu'elle reçut du ciel, soit en se livrant volontairement aux plus profondes humiliations.

I. En lui annonçant le mystère de l'incarnation , l'ange la salue pleine de grâces et lui apprend qu'elle est cette créature privilégiée que le Seigneur a choisie pour devenir la Mère du Messie, depuis si long-temps attendu , que ce Messic, qui s'appellera aussi le Fils du Très-Haut, sera le salut du monde, que Dieu relèvera pour lui le trône de David , qu'il règnera pour toujours sur la maison de Jacob, et que ce règne heureux pour tous les hommes s'étendra par toute la terre et durera éternellement. Au récit de faveurs si inconcevables, Marie ne perd point de vue le sentiment profond de sa bassesse, et pendant que l'ange la proclame la Mère de Dieu, elle ne s'avoue que sa servante. Après cette ineffable communication, elle demeure certaine et convaincue intérieurement de tout ce que l'envoyé céleste lui annonce, et cependant elle ne se laisse point éblouir par tant de grandeur et de gloire. Ce qu'on aura peine à comprendre, c'est que son amour pour l'humilité va si loin qu'elle ne raconte à personne les hautes faveurs dont elle vient d'être l'objet. Elle en dérobe la connaissance non seulement à ses parents, à ses voisins, à ses plus intimes amies, mais même à son vénérable époux saint Joseph. Rien au monde ne peut la porter à révéler des faveurs qui l'élèveraient si haut aux yeux des hommes et qui fixeraient sur elle les regards de l'univers, car alors le monde entier était dans l'attente du Messie qui devait paraître prochainement, et toutes les intelligences se tournaient vers l'orient où il devait prendre naissance.

Or, comment imitons-nous cette disposition admirable de Marie? Quels soins prenons-nous de dérober aux yeux des hommes le mérite que nous pourrions avoir, les bonnes œuvres que nous pourrions faire? Quelle envie, au contraire, n'avons-nous pas d'être connus avantageusement dans le monde, d'y donner bonne opinion de nous, d'y être estimés, honorés, applaudis? Quel désir n'avons-nous pas de faire connaître nos talents, notre habileté, nos connaissances? Quelle démangeaison n'éprouvons-nous pas à parler avantageusement de nous, de nos proches, de nos amis, de nos relations, de toutes les choses qui peuvent nous élever aux yeux des autres? Ah! s'il en est ainsi, nous sommes donc encore bien loin de ressembler à Marie.

II. Non-seulement la très sainte Vierge fuyait tout éclat et se dérobait avec soin aux honneurs, mais elle recherchait encore les humiliations. En présentant son divin Fils au temple, elle obéit à une loi qui ne la regardait point, et dont l'accomplissement, qui était très-humiliant, la confondait avec les femmes ordinaires, avec qui elle ne pouvait avoir rien de commun, et en offrant pour son adorable Fils, qu'elle savait bien être le maître du monde, les présents prescrits par la loi, elle choisit de préférence ceux qui la mettaient publiquement au rang des pauvres. Pendant la vie apostolique de son divin Fils, lorsqu'il entraînait à sa suite les populations entières, ravies par l'éclat de ses miracles et les charmes divins de son éloquence, lorsqu'il entrait triomphant à Jérusalem au milieu des acclamations de la multitude, Marie ne paraît point dans ces occasions si propres à flatter le cœur d'une mère et à lui faire trouver quelque consolation dans la gloire de son fils; mais elle se montre lorsqu'on le promène dans les rues de Jérusalem, chargé de chaînes, lorsqu'on le conduit au supplice comme un malfaiteur, et elle demeure au pied de sa croix jusqu'à son dernier soupir afin de partager tous ses opprobres, toutes ses ignominies, toutes ses humiliations.

Bien loin de rechercher ce qui pourrait nous humilier, à l'exemple de Marie, avec quel soin n'en fuyons-nous pas l'occasion? Avec quels signes d'impatience et de mauvaise humeur n'accueillons-nous pas ordinairement les manques d'égards, les incivilités, les mépris, les injures dont nous pouvons être l'objet? Avec quelle colère ne repoussons-nous pas les humiliations qui peuvent nous être faites, soit directement, soit indirectement, par nos semblables? Eh! qui sommes-nous donc pour ne vouloir rien souffrir, rien supporter de ce qui peut blesser notre orgueil ou contrarier notre amour-propre? et comment pourrons-nous prétendre aux faveurs de Marie, si nous ne voulons avoir aucune part à ses vertus? Soyons donc plus raisonnables, et afin de marcher véritablement sur les traces de Marie notre mère et d'imiter son humilité, appliquons-nous courageusement à la pratique de cette vertu ; prenons pour cela quelques-unes des résolutions suivantes et soyons-y invariablement fidèles.

RÉSOLUTIONS ET PRATIQUES.

Méditer souvent ces trois mots de l'auteur de l'*Imitation de Jésus-Christ* : « Je ne suis rien, je n'ai rien, je ne puis rien. » — Veiller sur son esprit et en chasser avec soin les pensées d'estime de soi-même, de son prétendu mérite, de ses talents, de ses connaissances, qui s'y présentent si souvent. — Ne point parler avantageusement de soi ou de ses rapports avec des personnes élevées, des marques d'estime qu'on en reçoit. — Recevoir les affronts sans se fâcher, et étouffer aussitôt tout ressentiment qui s'élèverait dans le cœur à ce sujet. — Baiser quelquefois la terre avec un vif sentiment intérieur d'humiliation.

PRIÈRE.

O Jésus, qui nous avez laissé de si grands exemples d'humilité et qui aimez tant à trouver cette précieuse vertu dans nos âmes, accordez-nous, par l'intercession de Marie, la grâce d'avancer chaque jour dans la connaissance de nous-mêmes, de combattre notre orgueil, de mépriser la vaine gloire, de fouler aux pieds l'estime du monde, afin qu'imitant ici-bas fidèlement les exemples d'humilité de votre divine Mère, nous méritions d'être un jour associés à sa gloire dans le ciel. Ainsi soit-il.

DEUXIÈME JOUR.

—

La fuite du monde.

La très-sainte Vierge, prévenue de tant de faveurs célestes, assistée d'une grâce spéciale, ne devait avoir rien à redouter de la contagion du monde et du danger de ses séductions ; cependant, elle ne laissa pas de se défier de son éclat trompeur et de se soustraire à sa dissipation en se vouant de bonne heure à la retraite et en ne paraissant dans le monde que par nécessité ou par obéissance. Éclairée des lumières particulières de l'Esprit saint, elle comprit facilement tout ce qu'il y a de faux dans les jouissances et les plaisirs du monde ; aussi montra-t-elle constamment le plus souverain mépris pour tout ce que les mondains estiment, désirent, ambitionnent. Elle n'attacha jamais aucun prix ni aux hommages dont elle était si digne, ni aux louanges des hommes qu'elle méritait à tant de titres. Comme son cœur aspirait sans cesse à l'union avec Dieu, elle n'eût pu goûter les douceurs de cette union au milieu des embarras du monde, du bruit des conversations et de la dissipation des relations sociales. Elle quitta donc, dans un âge peu avancé, sa famille, et se retira dans le temple, où son temps, partagé entre les occupations de son sexe et l'exercice de la prière, ne la détournait point de penser constamment à son Dieu, le plus cher objet de ses affections.

Cette conduite de Marie nous apprend deux vérités importantes dont il faut bien nous convaincre : la première, que notre salut est en grand danger au milieu du monde à cause qu'on y trouve tant d'occasions de chutes, tant de sujets de tentation, et qu'on y est le témoin de tant de sortes de scandales. A moins d'être bien en garde contre ses séductions et d'être animé d'un mépris véritable pour tout ce qui regarde ses jouissances, ses plaisirs et ses divertissements, on ne saurait échapper au danger de se perdre dans son sein. Tous les saints, depuis la très-sainte Vierge, ont tous redouté le monde à cause de ses dangers. Ceux qui ont pu le quitter sans obstacles ont mis une barrière éternelle entre eux et lui, et ceux que des liens insurmontables y retenaient, se sont pénétrés d'une espèce de haine pour tout ce qu'il estime, et ont été du monde sans lui appartenir, ont vécu dans son sein sans rien prendre de ses maximes, et sans se laisser aller à ses tristes et futiles vanités. La seconde vérité que nous devons apprendre de l'exemple de Marie, c'est que pour vaquer à la prière et aux autres exercices de piété les plus propres à assurer notre salut, il faut demeurer dans la retraite et aimer à vivre hors de la dissipation du monde. On ne saurait trouver Dieu et s'unir à lui dans la prière au milieu des distractions causées par la fréquentation trop assidue des personnes mondaines. Descendre au fond de son cœur pour apprendre à le connaître, examiner sérieusement l'étendue de ses devoirs pour les remplir, étudier avec soin ses passions pour les combattre, sont autant de choses qui exigent impérieusement le calme de l'âme et le silence du recueillement. Ce n'est donc pas assez de fuir le monde à cause de ses dangers, il faut encore s'en séparer, autant qu'on le peut, pour s'adonner avec fruit à la prière et méditer sur les plus importantes obligations de la vie éternelle.

Or, sommes-nous bien persuadés de ces deux vérités? Croyons-nous bien véritablement que le monde tel qu'il est nous présente beaucoup d'obstacles au salut, qu'il est difficile de vivre dans son sein sans prendre peu à peu son esprit, sans se conformer insensiblement à ses maximes, et sans partager enfin ses plaisirs et ses trompeuses jouissances? Croyons-nous bien que pour nous livrer avec fruit à la prière et aux exercices de la piété chrétienne, il est nécessaire de fuir le bruit du monde, d'aimer la solitude et de s'y renfermer le plus que l'on peut? Si notre esprit n'est pas encore assez convaincu de ces vérités, tâchons de nous en bien pénétrer dans cette méditation, et prenons ensuite quelques-unes des résolutions suivantes.

RÉSOLUTIONS ET PRATIQUES.

Se rappeler souvent cette vérité que les plaisirs, les honneurs, les richesses ne sauraient avoir rien de réel, puisque Jésus-Christ et ses saints en ont fait constamment l'objet d'un souverain mépris, et que bien loin d'aider au salut, ils en sont au contraire le plus grand obstacle. — S'abstenir avec soin de suivre les modes. — Eviter l'éclat dans la parure. — Ne rien faire dans la vue d'attirer sur soi les regards des hommes. — N'aller dans le monde que par devoir, et jamais dans les assemblées où l'on ne se réunit que pour le plaisir.

PRIÈRE.

O Vierge sainte, qui nous avez si bien appris, par votre conduite, à mépriser le monde et à fouler aux pieds toutes ces vanités, obtenez-nous de Jésus-Christ votre divin Fils les grâces nécessaires pour comprendre toujours mieux le néant du monde, le vide de ses plaisirs, afin que détachant nos cœurs de toute affection aux choses d'ici-bas, nous soupirions sans cesse après les biens éternels, seuls capables de satisfaire ses désirs et de combler toutes nos espérances. Ainsi soit-il.

TROISIÈME JOUR.

Sur la pureté de Marie.

De toutes les vertus que nous admirons dans la très-sainte Vierge, il n'en est aucune qu'elle n'ait portée à la plus haute perfection. Le langage humain, pour les louer, est tout-à-fait insuffisant, mais il l'est surtout lorsqu'il faut parler de son admirable pureté. Il faudrait emprunter le langage des anges pour exprimer convenablement le mérite de cette vertu de Marie. La première au monde elle conçut le projet, jusques-là inouï, de demeurer vierge, alors surtout qu'une espèce de flétrissure était attachée au célibat. L'estime qu'elle faisait de la virginité était si grande, cette vertu était si chère à son cœur, qu'elle ne consentit à devenir la mère du Fils de Dieu qu'après avoir reçu de l'envoyé céleste l'assurance qu'elle ne cesserait point pour cela d'être vierge. Elle avait bien compris que l'avantage de s'approcher de Dieu et de plaire à ses yeux, c'est surtout par la pureté, et la pureté la plus sublime, qu'on obtient cet avantage. Dieu étant la pureté même, plus on est pur, plus on doit se rapprocher de lui. Voilà ce qui explique la singulière estime que la très-sainte Vierge fit de cette vertu, et le soin qu'elle prit constamment de la conserver sans tache et sans souillure. Aussi le beau lys de la pureté a-t-il acquis, dans ses mains virginales, un éclat qu'aucune langue ne saurait exprimer.

Quelle impression fait sur nous la considération de cette pureté extraordinaire de Marie? quelle estime éprouvons-nous pour cette belle et ravissante vertu? quels désirs avons-nous de l'imiter? Sommes-nous bien persuadés qu'en effet cette vertu est très-propre à nous unir à Dieu et à nous obtenir une part distinguée à ses faveurs? N'est-ce pas à cause de sa virginité, que ne partageaient point les autres apôtres, que saint Jean a eu le bonheur d'être aimé spécialement de notre divin Maître et de se reposer plein d'amour sur son sein à la dernière cène? N'est-ce pas aux vierges seules qu'il sera donné de suivre dans le ciel l'Agneau partout où il ira, et de chanter à sa suite un ineffable cantique? N'est-ce pas sur les âmes chastes et pures que Dieu se plaît à abaisser du haut du ciel des regards bienveillants, et qu'il aime à répandre les grâces les plus privilégiées? Si Dieu attache tant de prix à la pureté, faut-il être étonné si Marie porta si loin la pratique de cette angélique vertu? Quels moyens employons-nous pour nous conserver, à son exemple, purs et chastes aux yeux de

Dieu? Et si nous ne sommes plus en position de pouvoir lui offrir un cœur vierge, quelle attention avons-nous du moins à nous procurer le mérite de cette chasteté qui convient à tous les états? Fuyons-nous avec soin les lieux, les personnes, les compagnies, les divertissements qui pourraient nous être un sujet de chute? Veillons-nous avec exactitude sur tous nos sens afin de ne point donner entrée dans notre cœur au vice impur? Nous appliquons-nous sérieusement à mortifier la sensualité, l'intempérance, les exigences de la chair qui conduisent si facilement à l'impureté? Et si nous ne prenons aucune de ces précautions, comment pourrions-nous pratiquer la chasteté, qui est la plus délicate des vertus, et qui a pour ennemie la plus impétueuse des passions? Comment pourrions-nous obtenir une victoire pénible et difficile sans livrer aucun combat?

Tâchons donc de nous bien péné-trer aujourd'hui du mérite de la pu-reté; appliquons-nous à concevoir une grande estime pour cette vertu qui a si fort distingué Marie; exci-tons-nous à un grand désir de mar-cher sur ses traces, et pour assurer les bonnes dispositions que l'esprit de Dieu nous inspirera dans cette méditation, prenons quelques-unes des résolutions suivantes et effor-çons-nous de les mettre fidèlement en pratique.

RÉSOLUTIONS ET PRATIQUES.

Prière assidue : sans la prière, point de pureté. — Confession et communion fréquentes. — Fuite des occasions et des personnes d'un sexe différent. — Vigilance sur ses yeux, sa langue, ses oreilles et tous ses sens. — Sobriété, tempérance, surtout dans l'usage du vin. — Dévotion tendre à Marie, fidélité à l'invoquer dans les tentations. — Méditation des fins dernières et de la passion de Jésus-Christ.

PRIÈRE.

O Marie ! mère du bel amour, vrai trésor de pureté, qui la première avez donné au monde l'admirable exemple d'une virginité sans tache, jetez un regard bienveillant sur les malheureux enfants d'Adam qui ont tant à lutter contre les assauts de l'esprit impur ; laissez-vous toucher à la vue de leur faiblesse, et obtenez-moi particulièrement, par le mérite de votre immaculée Conception, les forces nécessaires pour résister victorieusement à toutes les tentations d'impureté, afin qu'après avoir mené une vie constamment chaste, je puisse partager un jour la récompense promise à ceux qui auront le cœur pur. Ainsi soit-il.

QUATRIÈME JOUR.

—

Sur la modestie de Marie.

La modestie est une vertu qui assujétit tous les sens de l'homme à une exacte décence et règle tout son extérieur. Parmi les vertus qui brillèrent dans Marie, aucune peut-être ne jeta autant d'éclat que celle dont nous parlons. Son cœur était orné de tant et de si sublimes vertus qu'elles répandaient sur toute sa personne quelque chose de surnaturel qui excitait l'admiration. On ne pouvait voir un extérieur mieux composé, un spectacle plus ravissant que celui qu'offrait aux regards étonnés la modestie de Marie. Comme elle était d'une condition peu fortunée, ses vêtements étaient simples et nullement recherchés. Sa mise était propre et décente, et rien de plus. Ses yeux étaient constamment baissés, et elle ne les ouvrait que pour contempler le ciel, vers lequel elle poussait de temps à autre les soupirs les plus ardents. Ses paroles étaient mesurées au coin de la sagesse et articulées avec le ton de la plus inaltérable douceur. Son maintien était grave sans affectation, sa démarche pleine de noblesse sans fierté, son abord toujours bienveillant et gracieux, sa conversation pleine d'affabilité et de charme,

ses relations avec le prochain toujours accompagnées de cordialité et
d'obligeance ; en un mot, elle en-
chantait tous ceux qui avaient à lui
parler, et laissait après elle une
odeur de vertu qui ravissait tous les
cœurs.

Si ce tableau de la modestie de
Marie fait quelque impression sur
nous, voyons si, à son exemple,
nous pratiquons quelque peu une
vertu qui l'a rendue si recomman-
dable. Quel soin avons-nous de bien
régler notre extérieur et de tenir
tous nos sens dans une sage réserve?
quelle vigilance exerçons-nous sur
nos yeux, qui peuvent nous présenter l'occasion de beaucoup de fautes si nous leur accordons trop de
liberté? Combien de fois, peut-être,
le défaut de modestie dans les re-

gards a-t-il porté le trouble dans notre âme et été plus ou moins funeste à notre innocence ? Quelle attention donnons-nous à nos paroles, à nos entretiens, afin de ne point blesser la charité et ne rien dire qui puisse blesser nos frères ? Quel intérêt mettons-nous à bien composer notre maintien, à éviter toute précipitation dans nos gestes, toute affectation dans notre démarche et toute recherche dans nos vêtements ? N'avons-nous point cru que la vertu de modestie n'était faite que pour les habitants des cloîtres, et qu'elle était d'ailleurs incompatible avec les occupations de ceux qui vivent dans le monde ? Dans le fait, que de fautes n'éviterait-on pas si l'on observait fidèlement les saintes prescriptions de la modestie au milieu même du monde, où elle est d'une nécessité bien plus grande que dans les cloîtres, parce qu'on y est exposé à plus de dangers du côté des sens et de tout ce qui nous entoure?

Réfléchissons donc aujourd'hui sérieusement sur les beaux exemples de sage réserve, de sévère retenue, d'application continuelle à régler tous ses sens que nous donne Marie, et à la vue du touchant spectacle que nous offre sa conduite en ce point, encourageons-nous à marcher peu à peu sur ses traces. Voyons ce que nous avons à réformer pour garder en tout un extérieur modeste et recueilli, et formons ensuite les résolutions les plus généreuses pour assurer en nous la pratique d'une vertu si chère au cœur de notre bonne Mère.

RÉSOLUTIONS ET PRATIQUES.

S'appliquer à tenir les yeux modestement baissés, surtout en allant dans le monde. — Réprimer intérieurement le trop vif désir de voir des choses qui excitent la curiosité. — Éviter avec soin les regards indiscrets. — Modérer le trop grand empressement à parler, afin de mieux peser ses paroles. — Fuir tout éclat, toute richesse dans sa parure. — Marcher avec gravité, sans précipitation. — Assis ou debout, seul ou en compagnie, éviter toute posture inconvenante : Dieu est devant nous, qui nous voit, et l'ange gardien à nos côtés, qui nous observe.

PRIÈRE.

O Jésus! qui contempliez avec tant de consolation le spectacle que vous offrait l'admirable modestie de Marie, votre

Mère, et qui aimez si particulièrement à retrouver cette vertu dans les âmes qui vous sont dévouées, accordez-moi, je vous en prie, la grâce inestimable de régler si bien tous mes sens extérieurs et de les tenir dans une si exacte retenue, que je puisse reproduire à vos yeux quelque peu de cette touchante modestie qui distinguait votre auguste Mère, afin qu'après l'avoir imitée ici-bas en une vertu qui l'a rendue si chère à votre cœur, je puisse obtenir un peu de part à cette gloire ineffable dont vous la récompensez maintenant dans le ciel. Ainsi soit-il.

CINQUIÈME JOUR.

—

Sur la charité de Marie.

De toutes les vertus dont la pratique est imposée à l'homme, aucune ne l'ennoblit et ne l'élève autant aux yeux de Dieu que la charité ; aussi est-elle appelée avec raison la reine des vertus, parce qu'elle les couronne toutes, et que sans elle toutes les autres n'ont aucun mérite réel. Dès-lors il ne faut pas être étonné si Marie a porté si loin la pratique de cette vertu, et si elle a eu constamment pour son Dieu un amour qu'aucun langage humain ne pourrait rendre. Dire que cet amour remplissait toute la capacité de son cœur, qu'il occupait toute l'étendue de ses affections, qu'il inspirait toutes ses pensées, qu'il enflammait tous ses sens, ce n'est point encore exprimer comme il convient l'immense amour qui embrasait et consumait l'incomparable Mère de Dieu. Pour parler dignement de son amour, il faudrait en avoir éprouvé comme elle les brûlantes ardeurs. Or, comme il n'y a aucune intelligence créée, soit au ciel, soit sur la terre, qui ait jamais pu atteindre le degré auquel elle est parvenue, la charité de Marie sera toujours pour nous un mystère, comme il est le plus étonnant des prodiges. Cet ineffable amour se manifestait surtout par les œuvres, et lui faisait observer tous les préceptes de la loi de Dieu avec tant d'exactitude, qu'elle ne commit jamais la plus légère faute. Toutes ses actions étant commandées par le motif de l'amour, étaient faites avec l'intention la plus pure et marquées au coin de la plus haute perfection. Les occupations ordinaires de la vie ne la détournaient point de penser sans cesse à son Dieu et de l'aimer sans mesure. Pendant le sommeil même elle pouvait dire avec plus de raison encore que l'épouse des cantiques : « Je dors, mais mon cœur veille ; je dors, mais mon cœur est à Dieu, l'unique objet de mon amour. » En un mot, d'après les plus graves auteurs, elle a aimé Dieu plus que tous les saints ensemble, et lui a procuré par là une gloire qu'ils n'égaleront jamais.

Or, quelles sont nos pensées devant le spectacle touchant que nous offre la charité de Marie ? Quelle confusion ne devons-nous pas éprouver en nous voyant si loin de cet admirable modèle ? A peine saurions-nous dire si véritablement nous aimons Dieu, tant nous sommes froids et insensibles au souvenir même de ses bienfaits. Et si nous ressentons quelque peu d'amour pour lui, combien de fois n'est-il pas notablement diminué par nos fautes journalières, et quelquefois même tout-à-fait anéanti par des chutes déplorables dans le péché mortel? Et si nous aimons si peu notre Dieu, comment pourrons-nous obtenir le salut? N'oublions pas toutefois que c'est par les œuvres que nous devons témoigner à Dieu notre amour. Or, avec quelle assiduité, quels généreux efforts nous acquittons-nous de nos principaux devoirs envers lui? Quel soin apportons-nous à bien prier et à nous unir souvent à lui par la ferveur de nos oraisons? Quelle est l'intention qui nous anime dans nos actions et qui en assure le mérite? Est-ce bien uniquement le vœu de plaire à Dieu et de procurer sa gloire qui nous dirige et nous conduit en toutes nos œuvres? Quelle est notre conformité à la volonté de Dieu dans les traverses de la vie et notre résignation dans les peines de tous genres qui en empoisonnent le cours? Quelle est notre aversion pour le péché, notre crainte de le commettre, notre empressement à recourir à la pénitence lorsque nous avons contracté quelques souillures? Que faisons-nous pour établir le règne de Dieu dans notre cœur, pour le rendre maître de toutes nos affections, et le préférer à toutes les jouissances, à tous les plaisirs, à tous les intérêts de la terre? Comme c'est ici la vertu fondamentale du salut, et que sans elle il n'y en a point à espérer, il nous importe extrêmement de bien examiner si véritablement nous aimons Dieu et si nous lui prouvons notre amour par nos œuvres.

RÉSOLUTIONS ET PRATIQUES.

Réciter tous les jours une prière à la sainte Vierge pour nous obtenir cet amour. — A l'exemple de saint François de Sales, témoigner souvent à Dieu l'ardent désir de l'aimer. — Renouveler souvent la résolution de plutôt mourir que de commettre un péché mortel. — Nous accoutumer à faire toutes nos actions dans la vue de lui plaire et de lui marquer notre amour. — Faire toutes nos communions principalement dans la vue d'obtenir cet amour et de nous avancer dans sa pratique. — Méditer souvent la passion de Jésus-Christ, si propre à enflammer les âmes d'un saint amour.

PRIÈRE.

O Marie! qui avez aimé Dieu plus que tous les saints ensemble, et qui avez terminé admirablement votre vie par un excès d'amour, obtenez-moi, je vous en conjure, quelque part à cet ardent amour qui a rempli votre cœur tous les jours de votre vie, afin qu'après avoir, à votre exemple, aimé Dieu constamment et l'avoir préféré à tout en ce monde, je mérite d'aller l'aimer et de jouir de lui éternellement en l'autre. Ainsi soit-il.

SIXIÈME JOUR.

—

Sur l'amour de Marie pour les hommes.

Si nous pouvions comprendre combien la très-sainte Vierge a aimé

Dieu, nous pourrions juger par là combien elle a aimé les hommes, parce que plus on aime Dieu, plus on aime les hommes, ces deux amours ne pouvant être séparés. Mais comme son amour pour Dieu surpasse de beaucoup notre intelligence, nous ne saurions comprendre jusqu'à quel point elle nous a aimés. Qu'il nous suffise de dire qu'elle a porté cet amour aussi loin qu'il peut aller lorsqu'elle a consenti, par amour pour nous, à ce que son Fils unique, le plus cher objet de ses affections, sacrifiât sa vie au milieu des plus cruelles douleurs pour racheter les hommes coupables.

Comme c'est aux œuvres surtout qu'on reconnaît l'amour, que de preuves n'a-t-elle pas données de son amour pour les hommes en différentes circonstances de sa vie? N'est-ce pas par un effet de cette ardente charité qu'elle entreprit ce voyage si pénible à travers les montagnes de la Judée pour aller visiter sa cousine Élisabeth? N'est-ce pas le même motif de charité qui lui fit prendre compassion des hôtes de Cana, à qui le vin manquait, et qui lui fit demander à Jésus-Christ son premier miracle? Qui pourrait dire quels étaient, en toutes manières, ses rapports avec le prochain, son empressement à obliger, à rendre service, son dévouement à secourir tous ceux qui étaient dans le besoin, sa cordialité avec tous ceux qui avaient à traiter avec elle? Qui pourrait dire la douceur de ses paroles, l'affabilité de ses manières, la satisfaction et la joie de son cœur lorsqu'elle avait pu secourir le prochain et lui faire quelque bien ? Jamais sa bouche ne s'ouvrit au murmure et à la médisance, jamais son esprit ne conçut une pensée désavantageuse au prochain, jamais son cœur ne ressentit une émotion contraire à la charité ; et lors même qu'elle vit sur le Calvaire les bourreaux de son adorable Fils lui arracher la vie d'une manière si cruelle, bien loin de se livrer à l'indignation contre eux à la vue d'un tel attentat, elle s'unissait à Jésus-Christ, son Fils, pour conjurer le Père céleste de leur pardonner !

Or, comment imitons-nous la charité de Marie dans nos rapports avec le prochain ? A la vue des beaux exemples qu'elle nous donne sur cette vertu, rentrons en nous-mêmes, sondons nos dispositions et examinons sérieusement devant Dieu quel est l'état de notre cœur vis-à-vis de notre prochain. L'aimons-nous véritablement pour Dieu et en vue de Dieu, sans aucun égard à ses bonnes ou mauvaises qualités? Ne conservons-nous point des froideurs, de secrets ressentiments contre ceux de qui nous aurions à nous plaindre? Ne nous laissons-nous point aller à une certaine aversion pour ceux dont l'humeur et le caractère ne nous reviendraient pas? Ne nous arrive-t-il point de contrôler leur conduite, de relever leurs défauts et de les tourner en ridicule? Quel est notre empressement à obliger le prochain, à lui rendre

service , à le secourir dans ses nécessités ? Quels sacrifices nous im-
posons-nous pour remplir ces devoirs à son égard , et quelles vues
nous proposons-nous en lui faisant
du bien ? Pour remplir convenablement les lois de la charité , il faut
nous accoutumer à regarder tous les
hommes comme nos frères , nous
regarder tous comme les enfants du
même Père céleste et destinés au
même bonheur. Il faut les aimer
pour Dieu , leur pardonner pour
Dieu , les supporter pour Dieu , les
aider et les secourir pour Dieu. L'a-
vons-nous fait ? sommes-nous dispo-
sés à le faire ?

RÉSOLUTIONS ET PRATIQUES.

Demander souvent à Dieu la grâce de
bien remplir ce commandement impor-

tant. — Eviter avec soin les jugements désavantageux, les médisances, les railleries contre le prochain. — Sacrifier absolument toute aversion, tout ressentiment contre lui. — Faire l'aumône selon ses ressources et en vue de Dieu. — Pratiquer celles des œuvres corporelles et spirituelles de miséricorde qui sont le plus à notre portée. — Nous efforcer d'aimer nos ennemis en leur faisant du bien et en priant pour eux.

PRIÈRE.

O Vierge sainte! qui nous avez donné de si touchantes preuves de votre amour pour les hommes, et qui désirez si ardemment de nous voir tous unis par les liens de la plus sincère charité, obtenez-nous quelque part à cette heureuse disposition de votre cœur qui vous rendait si bonne, si bienveillante, si dévouée pour le prochain, afin que, remplissant fidèlement les devoirs de la charité fraternelle en nous aimant tous les uns les autres, nous méritions d'avoir toujours plus de droits aux faveurs de Jésus-Christ, votre Fils, et à votre toute-puissante intercession. Ainsi soit-il.

SEPTIÈME JOUR.

—

Sur la piété de Marie.

Quand on aime Dieu véritablement, on se porte avec ardeur et promptitude vers tout ce qui regarde son service, on ne néglige rien de tout ce qui peut nous aider à lui témoigner le désir que nous avons de lui plaire et d'avancer dans son amour. Or, cette disposition de notre âme envers Dieu s'appelle piété ou dévotion. Telle fut la piété de Marie. Dès son bas âge, elle se tourna tout entière vers Dieu, quitta le monde et se retira dans le temple, afin qu'elle y pût vaquer plus librement aux exercices religieux par lesquels elle voulait plaire à son Dieu et s'avancer dans la pratique des plus sublimes vertus. Là, sa prière était presque continuelle. Ne perdant point de vue la présence de Dieu, elle lui demeurait toujours unie au milieu même des occupations auxquelles l'obligeait le service du temple. Elle lisait assidument la loi de Dieu, la méditait avec délices et en gravait profondément dans son cœur les salutaires préceptes. Désireuse d'arriver à la plus haute perfection, elle se formait dans le silence aux grandes vertus dont elle a donné ensuite au monde de si étonnants exemples. Chaque jour on la voyait donner des preuves d'une humilité incomparable, d'une douceur angélique, d'une pureté sans tache, d'une obéissance et d'une soumission sans exemple. Pleine d'attentions délicates pour celles qui partageaient sa retraite, elle les édifiait toutes par ses vertus, les touchait par le charme de ses entretiens et les entraînait doucement vers Dieu par les plus chaleureuses exhortations. C'est ainsi que Marie témoignait à son Créateur le zèle qui l'animait pour son service et l'empressement qu'elle avait de se soumettre à toutes ses volontés pour se rendre de plus en plus agréable à ses yeux.

Si la piété est utile à tout, dit l'a-

pôtre saint Paul, combien ne devons-nous pas nous empresser d'acquérir une si sainte disposition, et
de marcher ainsi sur les traces de
Marie qui nous en offre dans sa conduite un si beau modèle? Puisque
la vraie dévotion ou piété consiste
particulièrement dans une volonté
fermement déterminée au bien,
prompte à se porter aux choses de
Dieu, empressée à choisir les moyens
les plus sûrs de lui plaire, appliquons-nous à donner à Dieu cette
preuve de notre amour et à le servir
avec cette générosité qu'il a droit
d'attendre de notre reconnaissance.
Appliquons-nous à nourrir et à augmenter en nous cet esprit de piété
par la considération des vérités religieuses les plus propres à nous toucher, par la lecture des bons livres,

le recueillement intérieur, la ſuite du monde, la mortification des sens, et par une union intime avec Dieu dans la participation fréquente au sacrement de l'eucharistie. L'assiduité à ces différentes pratiques entretiendra dans nos cœurs un vif désir du salut, y fera germer les meilleures dispositions pour la vertu et nous attirera beaucoup de grâces pour nous assurer une heureuse éternité.

Est-ce là l'idée que nous avons eue jusqu'ici de la piété? en quoi l'avons-nous fait consister ? quelle estime en avons-nous faite? quelles résolutions prenons-nous pour l'avenir ?

RÉSOLUTIONS ET PRATIQUES.

Être assidu à la pratique journalière de la méditation. — La faire avec soin et exécuter dans la journée même les résolutions qu'on y aura formées. — Renouveler souvent la protestation ferme et sincère d'être tout à Dieu. — S'accoutumer à faire plusieurs fois dans le jour des oraisons jaculatoires. — Travailler à purifier de plus en plus son intention dans ses actions en renouvelant souvent la résolution de les faire toutes pour Dieu.

PRIÈRE.

O Jésus! qui nous offrez dans Marie, votre divine Mère, un si admirable exemple de piété et de dévouement à votre service, et qui désirez si ardemment retrouver dans le cœur de vos fidèles des dispositions qui vous ont été si agréables, faites que, par votre sainte grâce, je vous serve désormais avec tant de zèle et d'empressement, que je me soumette si bien à toutes vos volontés, que je puisse acquérir cette véritable dévotion qui fait ici-bas le caractère de vos élus, et qui assure leurs droits à ces récompenses éternelles que vous leur réservez dans le ciel. Ainsi soit-il.

HUITIÈME JOUR.

—

Sur la douceur de Marie.

Parmi les différentes vertus que nous nous efforçons de pratiquer, les unes nous rendent simplement agréables à Dieu, comme la mortification, l'humilité, la pénitence, et d'autres nous rendent tout à la fois agréables à Dieu et aux hommes. Or, aucune ne renferme mieux ce double avantage que la vertu de douceur qui plaît tant à Dieu et qui exerce une si grande influence sur

les hommes dont elle est si propre
à gagner le cœur. On peut dire que
tous les saints, à l'exemple de notre
divin Maître, qui fut le plus doux
des hommes, se sont appliqués
spécialement à la pratique de cette
aimable vertu. Faut-il être étonné,
après cela, si Marie en a aussi fait
une si grande estime et si elle l'a
portée à un si haut degré de perfection? Tout ce que cette inestimable
vertu a de charmes et de puissance
se trouvait admirablement réuni en
elle : aménité dans le caractère,
tendresse de cœur la plus affec-
tueuse, douceur incomparable dans
le langage, sourire le plus gracieux
sur les lèvres, bienveillance la plus
touchante dans l'accueil, la cordialité, la prévenance la plus obli-
geante, tout concourait à donner à

la douceur de Marie un éclat qui surpasse tout éloge, et qui en fait une créature au-dessus de toute créature. Cette vertu était si chère à son cœur, elle la cultivait avec tant de soin qu'elle n'y porta jamais la moindre atteinte. Aucune émotion, aucune vivacité, aucune de ces impatiences qui nous sont si familières ne vinrent jamais troubler chez elle l'exercice de cette belle vertu. On la voyait toujours d'une humeur égale, toujours bonne, toujours douce, toujours affable envers tous sans distinction de rang et de fortune, donnant aux pauvres comme aux riches des témoignages de cordialité et d'obligeance qui ravissaient d'admiration tous ceux qui l'approchaient. Telle fut Marie, telle fut son ineffable douceur.

Qùels sentiments éprouvons-nous à la vue d'une vertu si belle et pratiquée avec tant de perfection? quelle estime en faisons-nous au fond de notre cœur? Ne la regardons-nous point comme trop au-dessus de nos forces et tout-à-fait incompatible avec la vivacité de notre caractère et les occasions qui se présentent si souvent de nous fâcher? Cependant nous aimerions à trouver cette vertu dans les autres et n'avoir même des rapports qu'avec des personnes d'un caractère doux et prévenant. Pourquoi ne voudrions-nous pas donner aux autres la même satisfaction que celle que nous exigerions d'eux, et leur offrir à notre tour l'avantage de n'avoir qu'à se louer de notre douceur et de l'affabilité de nos manières? Croyez-moi, rien n'est impossible à Dieu, et si nous ne pouvons, à ce sujet, arriver à une grande perfection, appliquons-nous au moins à retrancher pour jamais de notre conduite ces colères, ces emportements graves qui scandalisent nos frères; diminuons un peu ces vivacités si fréquentes qui nous rendent insupportables aux autres; modérons ces impatiences qui aigrissent le cœur et qui disposent si prochainement à la colère. Nous pouvons tout cela avec le secours de la grâce et un peu d'attention et de vigilance sur nous-mêmes. Comment ne le ferions-nous pas pour plaire à Dieu qui aime tant la vertu de douceur, pour plaire à Marie qui nous en donne un si noble exemple, et pour édifier nos frères qui ont droit à toute notre bienveillance.

RÉSOLUTIONS ET PRATIQUES.

S'abstenir de parler pendant que le cœur est ému. — Eviter les impatiences, même légères, contre des objets inanimés. — Ne point se fâcher contre soi-même de s'être fâché. — S'accoutumer à parler avec douceur et bienveillance à tout le monde. — Retenir son indignation à la vue des fautes des autres; se contenter de leur porter compassion et de les plaindre. — Céder volontiers plutôt que de contester. — Demander souvent à Dieu la vertu de douceur par l'intercession de Marie et de saint François de Sales.

PRIÈRE.

O Vierge sainte! que l'Église appelle avec tant de vérité notre douceur, *dulcedo nostra,* et qui réalisez si bien envers nous

15

cette consolante dénomination, obtenez-
nous, par votre crédit si puissant auprès
de Dieu, la grâce spéciale de surmonter
nos colères, de modérer nos vivacités, de
réprimer nos impatiences, et de nous appliquer avec tant de soin à la pratique de la
douceur, de la cordialité, de la bienveillance envers tous nos frères, que nous
méritions de partager un jour dans le ciel
les récompenses promises à ceux qui sont
doux. Ainsi soit-il.

NEUVIÈME ET DERNIER JOUR.

—

Sur la résignation de Marie dans les peines.

Après les incroyables douleurs de Jésus-Christ dans sa passion, que le langage humain ne saurait ni exprimer ni faire comprendre, il n'y a point eu sur la terre de douleurs et de souffrances comparables à celles de Marie. Dès qu'elle eut présenté son divin Fils au temple et que le saint vieillard Siméon lui eut annoncé quelle serait sa mort cruelle, le glaive de douleur perça dès-lors le cœur de Marie et ne cessa de le remplir d'un océan d'amer-

tume jusqu'après la glorieuse résur-
rection de ce Fils chéri. Pendant
toute sa vie elle avait devant les
yeux cet affreux supplice qui l'attendait au terme de sa carrière. A mesure qu'elle le voyait croître et s'a-
vancer en âge, sa douleur et sa peine
devenaient toujours plus poignantes
en pensant qu'il ne grandissait que
pour la croix, et comme son amour
pour ce cher Fils était si vif et si ardent, le chagrin de le perdre de
cette manière devait être propor-
tionné à cet amour et lui occasion-
ner une douleur à nulle autre semblable. En outre, qui pourrait dire
l'affliction qu'elle ressentait lorsque,
pendant la vie publique de cet adorable Fils, elle le voyait constamment en butte à la haine des uns,
à la jalousie des autres, à la mali-

gnité perverse de tous ; lorsqu'elle les voyait ourdir contre sa vie les plus noirs complots, elle qui savait combien il était bon, généreux pour tous, et qui lui voyait un cœur si plein d'amour pour les ingrats même qui le persécutaient ? Qui pourrait exprimer sa désolation déchirante lorsqu'elle le vit dans les rues de Jérusalem poursuivi à grands cris par la populace, couronné d'épines, le visage couvert de sueur et de sang, marchant tristement vers le Calvaire où elle le vit enfin expirer au milieu d'inexprimables douleurs ?

C'est bien alors qu'elle pouvait s'écrier avec raison, selon l'expression d'un prophète : « O vous tous qui avez une âme sensible et compatissante, considérez et voyez s'il est une douleur semblable à la mienne ! » Et nous, examinons s'il est une résignation pareille à celle de Marie. A la vue de tant de maux qui accablaient son âme et de tant de sujets d'affliction qui déchiraient son cœur, elle ne montrait partout qu'une soumission entière aux volontés adorables du Père céleste, et bien loin de se laisser aller à l'indignation contre les bourreaux de son fils et aux plaintes contre ceux qui l'avaient livré entre leurs mains, elle s'unissait à cet aimable Sauveur pour demander leur conversion et leur obtenir miséricorde. Au milieu des plus cruelles angoisses, son âme ne recevait point de consolation plus efficace que celle de répéter sans cesse, après J.-C., ces admirables paroles : « Que la sainte volonté de Dieu soit faite, et non la mienne ! »

Si quelque chose est capable d'adoucir les amertumes de la vie auxquelles, plus ou moins, aucun mortel ne saurait échapper, c'est sans doute une humble soumission à la volonté de Dieu. Rien, en effet, n'est plus propre que cette disposition à calmer les agitations de l'âme, à émousser les pointes du chagrin, et à soulager toutes les douleurs. Indépendamment du grand mérite attaché à la résignation chrétienne, il n'y a pas de moyen plus efficace pour rendre nos maux supportables que de penser qu'ils nous viennent de la main d'un bon Père, qui ne les permet que pour notre bien, et nous aidera même à les supporter, et que dès-lors nous n'avons

rien de mieux à faire que d'unir
amoureusement notre volonté à celle
de Dieu et d'attendre avec patience,
de sa miséricordieuse bonté, l'issue
plus ou moins favorable qu'il vou-
dra donner à nos chagrins et à nos
afflictions. De cette manière, nous
imiterons, quoique d'un peu loin,
l'admirable résignation de Marie,
et nous nous assurerons, par notre
docilité aux dispositions de la Pro-
vidence sur nous, un mérite bien
précieux aux yeux de Dieu.

RÉSOLUTIONS ET PRATIQUES.

Dire chaque jour avec une attention
particulière ces paroles du *Pater* : « Que
votre volonte soit faite sur la terre comme
au ciel. » — Eviter avec soin les plaintes
et les murmures au sujet de nos afflictions.
— Demander souvent à Dieu, par l'in-

tercession de Marie, le courage et la résignation chrétienne en toutes nos peines.

PRIÈRE.

O mon Dieu ! qui nous avez donné dans la personne de Jésus-Christ votre Fils un si rare exemple de conformité à vos volontés adorables, et qui avez inspiré à Marie notre Mère une si grande fidélité à l'imiter, faites, par votre grâce, que de si touchants exemples ne soient pas perdus pour nous, et que, marchant avec ardeur sur les traces de si beaux modèles, nous méritions d'arriver à cette résignation courageuse et chrétienne qui plaît tant à votre cœur, et qui doit être pour nous la source des plus abondantes bénédictions. Ainsi soit-il.

FIN.

APPROBATION.

Nous, François-Marie Vibert, évêque de Maurienne, ayant lu le livre intitulé : LE PÉLERINAGE A NOTRE-DAME DU CHARMAIX, l'avons jugé très-propre à augmenter la dévotion envers la sainte Vierge. Les considérations que fait le pieux auteur pour exciter à la confiance envers Marie sont conformes à la doctrine de l'Église. Les faits qu'il rapporte sont appuyés sur des témoignages respectables, et ils offrent d'autant plus d'intérêt aux fidèles de notre diocèse, que les lieux où ils se sont accomplis leur sont parfaitement connus. Nous avons donc lieu de croire que cet ouvrage sera lu avec empressement, et nous avons l'espérance qu'il produira des fruits de grâce et de salut.

Saint-Jean de Maurienne, le 29 avril 1843.

† FRANÇOIS-MARIE, évêque.

TABLE DES MATIÈRES.

—

Neuvaine en l'honneur de la sainte Vierge.

FIN DE LA TABLE.

ERRATA.

—

Page **212**, ligne **16**, au lieu de *vie éternelle*, lisez *vie chrétienne*.

Page **215**, ligne **7**, au lieu de *ses désirs*, lisez *nos désirs*.

Page **216**, lignes **16** et suivantes, lisez : *Elle avait bien compris que pour s'approcher de Dieu et plaire à ses yeux, c'est surtout par la pureté et la pureté la plus sublime qu'on obtient cet avantage.*